1

2

I

L'été est doux et le soleil brille d'un calme sourire. Les enfants, insouciants, jouent dans un jardinet élégamment fleuri où veillent les roses et leurs nourrices, et rien ne semble devoir troubler le bonheur paisible d'une petite famille unie. Une tranquille félicité ordinaire s'est installée ici pour une éternité peuplée de rires et de cris joyeux :

« Tu crois que nous aurons des pommes cette année ? »

Le pommier n'est encore qu'un frêle arbrisseau fragile sur un tronc bien droit mais aussi mince que la branche d'un arbre adulte. Ils l'ont planté cette année, pour qu'il grandisse avec leur fils, leur second enfant, quand ils ont acquis cette maison au cœur du quartier bourgeois d'une ville de province où le père a décidé de s'installer :

« Il est un peu tôt encore. Peut-être nous offrira-t-il quelques rares et petits fruits. Mais il faut laisser le temps lui donner de la force pour qu'il puisse les porter. »

La vie est là, simple et paisible, depuis que le jeune praticien a décidé de se mettre à son compte et d'ouvrir un cabinet privé en ce quartier cossu où la clientèle ne doit pas manquer :

« Et ça devait durer toujours ainsi. »

Il avait été décidé alors qu'elle abandonnerait son travail pour prendre soin de leurs enfants et intervenir comme secrétaire médicale, à titre bénévole, accueillir les patients de son époux, gérer les rendez-vous et répondre au téléphone, et tout semblait parfait ainsi :

« Ainsi, tu auras beaucoup plus de temps à consacrer aux enfants. »

La situation ne présentait que des avantages, du-moins pour le moment. Elle pouvait s'occuper pleinement de l'éducation de leurs enfants, évitait d'avoir à embaucher une tierce personne, et les deux petits avaient leur maman à domicile en permanence sans qu'il fût besoin de recourir à une nourrice :

« Oui Madame, je vous comprends. Je vais faire mon possible pour que mon mari puisse vous recevoir le plus tôt possible. Lundi à dix heures, ça vous va ? Il y a un patient qui s'est désisté. »

Le travail n'est pas si évident qu'il paraît mais elle s'est formée au fil du temps. Elle a appris l'indispensable diplomatie qui lui permet de répondre aux attentes de patients impatients et a compris les bases du métier pour rassurer les inquiétudes des éternels angoissés

« Vous avez dû faire un mauvais mouvement. Reposez-vous et pas d'efforts inutiles. Mon mari passera vous voir dès que possible. »

Elle sait sourire, calmer les impatients, être aimable en toutes circonstances, mais ferme à l'occasion. Disponible aussi à toute heure, autant pour sa petite famille que pour la clientèle exigeante, à qui tout est dû, et qui, faute d'autre coupable sous la main, s'en prend à celle qui se trouve sur le chemin :

« Je vous comprends, madame, mais il n'y a pas de possibilité avant le vingt-six… »

On pendrait avec délectation le balayeur de la cour du palais, juste pour se défouler et se venger d'avoir trop d'impôts à payer. Le soir, fatiguée par sa rude journée, mais toujours aussi fraîche, après avoir préparé et servi le repas, Anna, nue dans toute la splendeur d'une blondeur épanouie, retrouve son cher et tendre dans la salle de bain embrumée pour plonger avec lui dans l'eau chaude du bain moussant d'un érotisme aux exquises moiteurs :

« Ça me rappelle les saunas de mon pays. »

Il y déjà plusieurs années qu'il est venu la chercher dans son pays pour l'épouser ici. Il l'avait rencontrée par une de ces agences qui font leur profit de la misère humaine. Enfin, la chance lui a souri, il est beau, il a une bonne situation, il ne la bat pas et, même si elle doit travailler dur, ils s'entendent bien :

« Vous faites des trucs comme ça dans les saunas de ton pays ? »

5

Poitrine palpitante et téton érigés en un glorieux hommage au royaume des plaisirs, elle répond d'un sourire qui vaut tout un discours mais qui pourrait se résumé par cette fameuse et latine locution dont elle fit sa devise :

« Carpe diem. »

Carpe, qui, en dépit du milieu aqueux où ils se trouvent tous deux, n'a rien à voir avec le poisson. Tout autre chose frétille en cet instant. Carpe viendrait plutôt de pieds, mais je peux me tromper en traduisant ainsi car mon latin de cuisine, à ne pas confondre avec le latin de garenne, est plus ludique que véridique :

« Avec les pieds, tu aimes ? »

C'est qu'en ce moment, les pieds de la belle slave taquinent un endroit sensible. Il a posé la question avec une voix étranglée. C'est curieux, les cordes vocales ne sont pourtant pas à cet endroit. Mais il est remarquable de constater comment, lorsqu'on touche à certaines parties précises de notre corps qui ne jouent pourtant aucun rôle dans le mécanisme de la parole, le son de la voix se modifie :

« Tu sais, j'étais une jeune fille sérieuse avant de te connaître. »

Elle éclate d'un léger rire cristallin après avoir prononcé cette phrase avec ce petit accent slave et délicieusement suave qu'elle a gardé de sa lointaine contrée :

6

« Comme tout ça lui semble loin aujourd'hui. »

C'est comme si il s'agissait de souvenirs d'une vie antérieure, quelque chose qu'elle n'aurait pas vécu vraiment mais qu'elle garderait intact en son subconscient :

« Sur le catalogue, il m'a choisi tout de suite, du premier coup. »

Les filles étaient exposées comme d'alléchantes marchandises avec pour illustrer l'image une fiche technique précisant leurs caractéristiques essentielles. L'achat d'une femme, c'est du sérieux ! Quoi qu'il en soit, le jeune homme avait donc arrêté son choix sur cette belle et ronde blondinette et était venu la chercher dans le pays où elle était enfermée :

« J'étais si émue en t'attendant... »

L'émotion les avaient rendus muets, ce qui ne changeait pas grand-chose à l'ambiance car ils ne parlaient pas la même langue. Ils avaient échangé des idées avec le langage du corps dans une mêlée tendre, intimidée les premiers temps, chaude et sensuelle avec le semaines. Mais les débuts furent délicats à négocier, et même un peu surréalistes, en particulier quand il était avec ses parents en train de découvrir une de ces cuisines consistantes qui vous font résister aux froids les plus extrêmes :

« Tu devais traduire ce que je disais alors que tu n'en comprenais pas un mot. »

On imagine les quiproquos hilarants qui pouvaient résulter d'une telle situation. La conquête du cœur de sa belle imposait de bien rudes épreuves :

« Quand ma mère te demandait si tu en voulais d'autre, tu faisais oui de la tête. J'ai cru que tu allais étouffer, à la fin. »

Aujourd'hui, la situation est risible mais il ne se sentait quand même pas bien à son aise dans cet environnement chaleureux, certes, mais qui baragouinait à toute vitesse en utilisant un dialecte étrange et incompréhensible. Cette manie qu'ont les gens dans certains pays de ne pas s'exprimer comme vous ne facilite vraiment pas les échanges :

« Quel dommage que nous ne parlions pas tous Esperanto ! »

L'idée d'une langue internationale, précise, évolutive et facile à apprendre, née du créatif cerveau d'un linguiste polonais, ne s'est hélas pas imposée parmi les peuples trop épris de cette opacité linguistique qui leur sert de drapeau. Pourtant, le génial Zamenhof avait prévu de tels motifs de réticences en précisant que l'usage de l'Espéranto serait réservé aux échanges entre deux personnes ne maîtrisant pas la même langue. Ainsi, les dialectes vernaculaires seraient préservés et les craintes identitaires nationalistes sans objets :

« Oui, ça aurait été plus facile, car je me sentais un peu isolé. »

La revanche n'allait pas tarder. Une fois remplies toutes les formalités obligatoires pour la levée d'écrou et une fois obtenu le précieux et onéreux visa, ils se sont envolés loin de cette bourgade sibérienne qu'elle n'avait jamais quitté depuis sa naissance. Anna réplique avec un charmant sourire non dénué d'une légère ironie :

« Comme moi au début, quand je suis arrivée dans ta famille. »

Tout corps plongé dans une culture subit une poussée verticale de bas en haut égale au poids de la volonté dépensée. La conjugaison des efforts des uns pour s'intégrer et des autres pour les accueillir poussent les peuples vers le haut. La culture a besoin de sang neuf sinon elle dégénère dans la consanguinité. Que seraient la médecine et les mathématiques et même la musique sans les enseignements des ancêtres orientaux ? Mais il faut aussi, de l'autre côté, la même volonté d'adaptation pour que ça marche. Être du pays où on vit et ne pas rester de celui dont on vient. Sinon, ça entraîne forcément des conflits communautaires qui peuvent rapidement dégénérer. Heureusement, Anna a appris à parler assez vite presque comme une autochtone et s'est adaptée à son pays d'accueil. Et pour prix de cet effort, elle a gagné le bonheur :

9

« Je suis heureuse ici, j'aime ce pays. »

Bientôt, ils ne parlent plus, la mousse s'agite et les visages se déforment d'extase avec de petits feulements rauques. Les respirations s'accélèrent et s'évadent en soupirs de plus en plus longs jusqu'à ce qu'un dernier, uniforme et issu de deux gorges exaltées, achève le duel sublime et les laisse allongés, alanguis, épuisés :

« Je voudrais que le temps s'arrête, que notre bonheur dure toujours. »

La vie ici ressemble à un conte de fée, comme ceux que lui racontait son père, avec le beau chevalier qui épouse la pauvre petite paysanne pour lui faire beaucoup d'enfants. Elle regarde son sauveur avec une confiance presque dévote. Elle sait qu'avec un tel protecteur, rien de mal ne pourra lui arriver et son bonheur semble installé pour l'éternité :

« C'est bientôt l'anniversaire de Volodia, on devrait lui offrir cette panoplie de mécanicien qu'il regardait avec envie l'autre jour. »

Le bonheur est une drogue insidieuse, il vous fait tout oublier, on s'habitue à lui et ne peut ensuite plus s'en passer. Pourquoi essaierait-on, d'ailleurs ? Il est si doux de n'avoir pas d'autres préoccupations que les banalités d'un quotidien sans heurt où on se sent invincible et on s'enferme à l'abri d'un égoïsme tranquille pour ce qu'on croit l'éternité :

« Les employés de l'entreprise qui les fabrique se sont mis en grève, j'espère que ça ne va pas retarder la production. »

Rien n'est moins sûr. Anna demande distraitement :

« Il font grève pour quel motif ? »

Son mari a un soupir agacé, visiblement, Le motif n'a pas l'heur de trouver grâce à ses yeux :

« Ils protestent contre la fermeture définitive de l'usine. »

Effectivement, ce n'est pas une raison, parce qu'on va l'arrêter définitivement, pour ralentir la production. Anna semble le regretter :

« C'est dommage, ils faisaient des jeux de bonne qualité. »

Les salariés et leurs familles doivent trouver aussi que c'est un événement regrettable mais, si ils n'étaient pas assez rentables... L'ennui, c'est qu'en même temps on prive de revenus toute une catégorie de consommateurs potentiels qui, en disparaissant, mettent en péril des entreprises qui vont devoir aussi licencier... Le capitalisme est joueur, c'est là son moindre défaut. L'ennui, c'est que ceux avec qui il s'amuse ne sont pas forcément d'accord et que le jeu du qui perd, perd fait plus de perdants que de gagnants. Enfin, quoi qu'il en soit, pour Anna, la vie coulait paisiblement comme si il ne devait jamais en être autrement :

« J'ai prévu d'organiser un goûter avec ses camarades de classe. »

La vie continue, même quand elle s'arrête pour certains. Qu'importe ce qui se passe autour de nous si nous ne sommes pas touchés. Les gens pleurent en voyant souffrir le personnage fictif d'un film mais passent sans même jeter même un regard compatissant sur la détresse de leurs voisins. Aujourd'hui toi et demain, moi. Et puis d'ailleurs, c'est mérité :

« Ils sont trop payé pour ce qu'ils font. »

Il ne sait rien de leur travail, n'a jamais mis les pieds à l'usine et serait bien incapable de donner, ne serait-ce qu'une estimation du salaire moyen des employés mais, il est bien connu que chacun est le seul au monde à vraiment mériter le trop maigre salaire qu'on lui verse. Les hommes vivent dans un perpétuel état de jalousie et d'envie du plus petit avantage dont disposerait l'autre dont ils ne profitent pas :

« Sans compter qu'ils doivent avoir des réductions sur les jouets. »

Ça fait du bien d'avoir quelqu'un à haïr, on se sent exister, alors, détester tout le monde, quel pied ! Anna avait trouvé un petit emploi qui lui avait permis de parfaire sa connaissance de sa nouvelle langue et de s'intégrer. En même temps, elle apprenait un nouveau métier et se découvrait une vocation :

« Ça me plaisait bien d'être avec les enfants. »

Quand elle venait d'arriver en France, elle avait trouvé une place de stagiaire dans une crèche. Ce fut une expérience formidable mais de courte durée. La naissance prochaine de leur premier enfant l'avait obligé à interrompre son stage et quitter de petits bambins bien attachants. Ensuite, elle avait décidé de se consacrer exclusivement aux siens et aider son cher et tendre qui venait, comme on sait, d'ouvrir un cabinet dans un quartier bourgeois d'une petite ville de province :

« Ici, je suis certain de me faire rapidement une bonne clientèle. »

Il avait décidé de quitter son poste salarié pour se mettre à son compte. Ce n'était pas une mauvaise idée mais la somme qu'ils avaient dû emprunter était assez effrayante. Matériel et local. Il fallait la rembourser et elle commençait à s'inquiéter et regretter d'avoir abandonné son emploi :

« Ne te fais pas de soucis, tout va très bien marcher et nous pourrons bientôt acheter une belle maison et faire des voyages… »

L'excès de confiance est une des maladies de l'amour. Si il disait qu'il n'y avait pas de soucis à se faire, il devait avoir forcément raison. Elle ne connaissait rien à tout ça et il avait l'air si confiant que le doute s'effaça aussitôt dans l'esprit de notre douce Anna :

« Volodia, tu mets ton chapeau s'il-te-plaît. »

Au fond, la situation était confortable et tout allait pour le mieux dans le meilleur des mondes et les enfants grandissaient sous ses yeux attentifs dans une ambiance sereine. Qui peut imaginer en de pareils instants que tout ce bonheur n'est qu'éphémère et que sa vie va bientôt basculer dans l'enfer ? Depuis son enfance, malgré la relative pauvreté qui sévissait dans sa contrée d'origine, elle a toujours connu une sécurité confortable et n'a jamais eu à se préoccuper de l'avenir, ni même du présent. Elle vivait une vie qui devait durer toujours et ne se souciait de rien d'autre de ce qui n'était pas un quotidien déjà bien rempli :

« Je ne saurais même pas rédiger une déclaration d'impôts alors je me vois mal en train de contrôler sa comptabilité. »

Il n'y a rien de complexe à gérer sa vie. Encore faut-il qu'on vous l'apprenne. Elle n'a jamais eu à se charger de ce genre de problème, ni l'attirance pour l'abstraction des chiffres, ni la nécessité de s'y plonger. Elle en a donc conclu naturellement qu'elle n'avait aucun don pour ça et laissé à ses tuteurs, son père puis son mari, le soin de veiller à la bonne gestion de l'économie familiale. Elle avait tellement mieux à faire, en plus de travailler pour son mari dont les affaires allaient de mal en pis :

« Tu as fait tes devoirs ? »

Quinze années ont passé depuis ses premiers jours dans son nouveau pays. Les enfants sont devenus des adolescents qui bientôt s'envoleront hors du nid familial. Le couple est la somme d'éléments éphémères qui se dissolvent dans le temps, et ils vont se retrouver seuls, tous les deux face à face dans l'aveuglante lumière de cette réalité qu'ils tentaient d'oubler :

« Tu m'avais promis que nous irions en vacances cette année. »

Mais la réponse tombait invariablement, comme un coup de tonnerre dans un ciel bleu :

« Désolé, mais cette année, ça ne sera vraiment pas possible. »

Cet équilibre dans lequel s'était construit leur bonheur, déjà s'effrite. La clientèle ne manque pas, et elle est aisée et paie bien. Et pourtant, le praticien ne parvient pas à dompter un passif qui s'emballe. Il est devenu distant, très souvent absent sans qu'elle sache ce qu'il fait. Le pire est qu'il et absent, même quand il est là. L'entente merveilleuse du couple à ses débuts n'est plus qu'un lointain souvenir. Les querelles succèdent bientôt aux moments tendres qui ne sont plus qu'un obscur passé :

« Madame Groudi a demandé à te voir en urgence mais j'ai été obligée de répondre que je ne savais même pas où te trouver. »

15

La jalousie et le doute font leur entrée dans l'esprit de la jeune fille naïve d'autrefois et la femme d'aujourd'hui se pose d'amères questions sans recevoir de réponses :

« Je me demande où il va et pourquoi ses visites sont si secrètes qu'elles ne figurent pas sur l'agenda des rendez-vous. »

Il y a de quoi nourrir de légitimes soupçons sur l'aspect strictement professionnel de telles escapades. D'autant plus que c'est elle qui tient le cahier de rendez-vous. Mais si Anna est soucieuse, ce matin, c'est pour de toutes autres raisons. Elle se sent fatiguée, elle a se sentiment étrange que le monde va basculer, tout tourne autour d'elle, tout se met à tourner :

« Il faut pourtant que j'aille... »

Nous ne saurons jamais où elle allait. Les vertiges s'accroissent, sa vue se trouble et ses jambes s'amollissent. Les gens qu'elle croise lui paraissent des fantômes et les bruits de la rue sont devenus abstraits, flous, comme déformés par une étrange boite. Elle cherche un appui, le trouve sur un mur, peut-être. Ou bien quelque chose d'autre. Elle entend une question mais ne peut en saisir le sens quand sa raison s'échappe :

« Ça ne va pas, madame ? »

16

II

Le bureau est dans un état épouvantable, jonché de feuilles comme le sol d'un sous bois en automne. Depuis que Kochka a lancé sa petite agence de détective en entreprise, les dossiers affluent... Enfin, il en a quelques uns... Disons, au moins un de temps en temps, mais c'est toujours ça. En plus, il n'a pas l'air simple du tout, à voir la quantité de documents qui sont nécessaires pour en suivre le cours. Zoya contemple le spectacle d'un air désolé :

« Tu as vu ce désordre ! Je ne sais pas comment tu fais pour t'y retrouver. »

L'art, c'est justement d'y arriver. Kochka se livre à une lecture rapide et sélective des feuilles dispersées qu'il chiffonne pour les mettre à la corbeille ou empile distraitement sur le côté. Enfin, il semble trouver ce qu'il cherchait au milieu de son fouillis et le dresse ainsi qu'un chercheur d'or le ferait avec une pépite :

« Voilà les notes que j'ai prises lors de ma rencontre avec... »

Zoya, ébahie, lui coupe la parole avec une brusquerie quelque peu agacée tout en montrant d'un large geste de la main ce qui a survécu au rangement :

17

« Ce papier ? Mais alors, le reste c'est quoi ? »

Kochka compulse à la dérobée l'exposition déconcertante en citant à chaque fois d'un air désabusé ce que rencontre son regard :

« Ça, c'est une facture à payer, ça, c'est une facture à impayée, ça, je ne sais pas... Ça c'est un tract de l'U.R.I.N.E... »

Du papier toilette en quelque sorte. Zoya s'intéresse interloquée :

« Ça concerne quoi ? »

Notre détective est quelque peu pris de court par la question. Il regarde le tract qu'il découvre pour la première fois puis répond dans une barbe qu'il n'a pas :

« Ils ont obtenu de nouvelles armoire pour les ateliers de la ville. »

En effet, c'est une nouvelle d'importance pour lui qui n'y a jamais mis et n'y mettra sans doute jamais les pieds. Il froisse le tract et le jette négligemment dans la corbeille. Zoya commente d'une voix, à mi-chemin entre l'ironie tendre et l'agacement :

« Tu gardes vraiment n'importe quoi. »

Kochka répond sur un ton très doctoral et quelque peu pédant :

« Un bon détective ne doit rien négliger. »

* Union Régionale Indépendante Nouvelle des Employés. Lire : La grande famille.

18

Au-moins, si on ne considère que cet aspect de la profession, on peut le définir comme un limier d'exception. Il garde tout et n'importe quoi et la hauteur de l'empilement de son indispensable documentation atteindrait celle du monument si Zoya n'était pas là pour y mettre bon ordre. Il continue à nommer à haute voix les sujets des feuilles qu'il jette ou classe méthodiquement :

« Ça, c'est encore une facture. »

Zoya lui suggère en souriant :

« Il faudrait peut-être que tu songes à les payer de temps en temps. »

Ce à quoi, Kochka répond avec logique :

« Je les paierai quand j'aurai de l'argent pour le faire. »

Sur ce point, il n'a pas tout à fait tort. On ne peut pas payer quoi que ce soit avec de l'argent qu'on n'a pas :

« Ça, c'est une publicité pour... »

Il se penche pour examiner de plus près l'énigmatique papier. Visiblement, il a du mal à définir l'objet de cette opaque réclame. Au bout d'un instant, un geste énergique brusque vers le bas résout définitivement la question puis il passe au candidat suivant sans même un dernier regard de compassion pour celui qui vient d'être si rudement éliminé :

« Tu entends ça ? Un comité anti-syndical s'est créé au sein de l'entreprise... »

19

Comment aurait elle pu ne pas entendre ? Il a presque hurlé dans tout l'éclat de sa bruyante indignation et il lui montre l'infâme chiffon d'un air scandalisé. Il faut dire qu'en ce moment, il est en pleine coopération avec son ami de la section locale de l'U.R.I.N.E :

« Un anti-syndicaliste qui prend des vacances est comme un raciste qui joue de la guitare ou utilise des chiffres arabes. »

Il faut être logique jusqu'au bout. On ne peut pas profiter de tous les avantages que vous ont fait obtenir leurs détestables actions et souhaiter qu'ils n'existent pas en même temps. »

La visite continue avec sa litanie de titres les plus hétéroclites :

« Facture, facture… Une lettre administrative, un article de journal sur… sans importance. »

Il ne manque plus qu'un raton laveur, mais c'est moins facile à chiffonner et à jeter à la poubelle ces petites bêtes. Heureusement, il n'y a rien de tel sur le bureau, même pas le plus petit insecte. Les araignées préfèrent des terrains de chasse plus paisibles et ne se hasardent pas sur cette surface agitée ou notre ami brasse du papier comme un cuisinier tourne sa cuillère dans une saucière remplie :

« Il faudrait acheter un armoire à dossiers. Je serais incapable de trouver quoi que ce soit dans tout ça. »

20

C'est peut-être mieux ainsi, le désordre est parfois la meilleure protection contre les regards indiscrets. Il ne peut retenir un éclat de rire navré, et navrant à la fois :

« Je ne sais pas si il existe des meubles pour ranger un unique dossier dont les complexes aspects qui me sont connus tiennent en une seule page. »

Voilà en tous cas un meuble qui, si il existe, ne tiendra pas trop de place mais Zoya a de grandes ambitions pour leur cabinet d'investigations naissant dans lequel elle a décidé de s'impliquer, pour tenter de sauver son couple :

« Nous en aurons bientôt d'autres. C'est pour ça qu'il faudra pouvoir s'y retrouver rapidement dans les dossiers. Comment répondre rapidement une affaire si on doit chercher pendant des heures le bon document ? »

Kochka laisse passer l'orage. Il sera toujours temps de s'organiser si jamais ça devenait nécessaire. Il revient soudain à l'affaire, il faut hélas la mettre au singulier puisqu'elle est encore bien seule à l'heure actuelle. Il ignore donc le problème et revient à cette affaire en cours, dont certains éléments lui semblent singuliers :

« C'est quand même étrange le nombre de médecins qui n'ont rien vu quand il s'agissait de le soigner et qui diagnostiquent le pire quand leur avis lui fait perdre son emploi. »

Ces réveils bien tardifs ne doivent pas être imputés à une quelconque volonté délibérée de nuire de la part des intègres thérapeutes, ce serait purement diffamatoire, mais ils restent assez troublants. D'autant plus quand le diagnostique est aussi évident et qu'il y avait dans le discours du patient et la description de sa souffrance tous les éléments pour permettre, au-moins, de deviner la direction vers laquelle il convenait de se tourner :

« Il y avait tout dans ce qu'il disait pour les mettre sur la voie, même sans connaissances médicales approfondies… »

Notre enquêteur est pensif en relisant ses notes. Avec autant de signes avant-coureurs aussi clairs qu'alarmants, il ne s'est pas trouvé un seul parmi ces augustes professeurs pour suspecter ce que n'importe quelle ménagère avisée aurait détecté d'instinct en écoutant les symptômes déclarés par la victime :

« En fin de compte, le seul à n'avoir rien à se reprocher, la victime de cette hallucinante succession de négligences va être aussi le seul à être condamné. »

La peine est lourde, impitoyable, définitive et sans appel puisque la solidarité dans le monde des pontifes soignants, on pourrait presque dire, la complicité étant donné les conséquences, est à toute épreuve :

« Cet esprit de corps, mais qui s'exerce au dépens du nôtre les conduit à préférer risquer d'être accusé d'homicide par négligence plutôt que de mettre en doute la parole d'un de leurs chers confrères. »

De toutes manières, le risque n'est pas bien grand car les contrôles, à quelque stade qu'ils soient, sont toujours faits par ses pairs :

« Un expert assermenté est quelqu'un qui peut nier l'évidence et ériger l'absurdité au grade de vérité suprême sans pouvoir être contredit. »

Ainsi, le malade est irrémédiablement et invariablement condamné à une double peine, à subir les effets physiques, psychiques et sociaux de l'étourderie médicale sans réelle possibilité de recours et au mépris des droits élémentaires de tous à l'égalité des chances que la nature et le système s'accordent à lui refuser. La maladie bafoue les bases élémentaires de la démocratie, les fondements de la république :

« Dans cette affaire, le problème n'est pas de déterminer l'existence d'une erreur mais de savoir à laquelle il est préférable de s'attaquer en premier. »

Ce n'est pas en dépit des apparences, une situation confortable car la mécanique est bien huilée. De quelque côté qu'on se tourne on rencontre les mêmes obstructions et on se retrouve face à des castes homogènes :

« Le pouvoir réel est toujours décalé, il est détenu par les médias en matière politique, car ce sont les journalistes qui font les élus et par les médecins dans le cadre judiciaire et social car ils décident du destin de leurs malades. »

Ainsi, le politicien ne peut que suivre une opinion publique dirigée par les journalistes et les juges doit tenir compte des expertises diligentées par leurs experts assermentés :

« S'attaquer aux médecins revient à entrer pour porter plainte dans le commissariat où on a été violenté. »

Kochka se livre à une relecture attentive et ébahie du fil des événements dont il a pris note quand cet homme. Son premier client, est venu lui demander de l'aide, il y a de cela trois jours de cela. Le caractère absurde et complexe de l'affaire n'est pas pour faciliter l'existence du malheureux dont la vie a basculé brusquement dans le vide, à partir d'une simple poussée faite par un spécialiste et jusqu'au coup de grâce des réalités pathologiques complexes :

« Il y a quelques années, je travaillais tranquillement quand j'ai eu un malaise… »

Si vous ne venez pas à la médecine, la médecine viendra à vous :

« Immédiatement, j'ai été convoqué par le médecin du travail qui, ne comprenant pas ce que j'avais, a demandé l'avis d'un spécialiste. »

24

Le spécialiste, on le pioche au hasard dans de pareils cas, suivant les disponibilités, les antécédents familiaux ou de vagues analogies avec des symptômes dont le souvenir n'est pas trop effacé dans la mémoire. C'est ce qu'on appelle la médecine aléatoire. Comme on décide arbitrairement ainsi de la catégorie pathologique dans laquelle on enfermera le patient, on est sûr de ne pas s'être trompé et le malheureux est classé :

« Je me suis donc retrouvé, après une heure d'attente, devant un neurologue qui n'a pas mis dix minutes pour faire son diagnostique. »

Encore heureux qu'aucun psychiatre n'était disponible ce jour là car il se serait retrouvé immédiatement interné :

« Mon inaptitude au poste que j'occupais ayant été prononcée à titre définitif… »

La médecine du travail ne connaît pas la guérison. Quand on est malade, c'est pour la vie ! Ainsi, faute de pouvoir soigner, le praticien préfère tuer le malade, ça évite le risque qu'il ait l'outrecuidance de guérir par des moyens qui ne seraient pas en odeur de sainteté, mentionnés dans la bible de la médecine, le sacro-saint bréviaire du Vidal illustré qui fait de la médecine, pire qu'une religion, un véritable dogme :

« Mon couple battait de l'aile… Ma femme a demandé le divorce… »

Faut-il y voir le seul fruit du hasard ? D'une malchance qui s'obstine et s'accumule ? La maladie fait peur et personne n'est préparé à sa fatalité. Sa victime la subit tant bien que mal et s'en accommode plus ou moins, il n'a guère le choix. Les autres prennent la fuite, apeurés parce qu'ils ne comprennent pas, comme l'homme qui n'ose pas embrasser un unijambiste par peur de la contagion :

« Mais, ne riez pas de ces gens là, vous en faites partie, j'en fais partie. »

La maladie est le lourd apprentissage de la solitude absolue et de l'égoïsme absolu. On est seul dans une souffrance que personne ne peut comprendre parce qu'aucun autre ne la vit réellement, et, comme on ne pense plus qu'à s'en sortir, à résoudre les quotidiens soucis qui sans cesse vous harcèlent comme des partisans sur une troupe en retraite. La maladie, ses soins et toutes les précautions et régimes qu'elle exige vous condamne au nombrilisme par nécessité :

« Je voulais comprendre mais je n'obtenais des différents thérapeutes que des réponses évasives et souvent contradictoires. »

Si on fait la somme des dégâts occasionnés par tout ce qui n'est pas dit, on comprend la valeur d'un simple mot :

« Je voyais ma vie se lézarder puis s'écrouler et restais impuissant. »

26

Kochka reste un instant silencieux, comme on le ferait pour la minute de recueillement lors d'une cérémonie du souvenir. Il repose, d'un air méditatif, la feuille où ses quelques notes étaient griffonnées. Il revoit cet entretien mieux que si l'homme était encore devant lui et lui parlait en cet instant :

« Parfois, on se demande si celui qui vous raconte de telles histoires a toute sa raison. Mais ensuite, on regrette bien vite qu'il ne l'ait pas perdue. »

La folie est une douce évasion quand les réalités deviennent insupportables :

« Fasse que je perde la raison si il m'arrivait pareille mésaventure. »

La conclusion de Zoya est tristement fataliste mais tragiquement réaliste. Côtoyé tous les jours, dans l'indifférence du quotidien, un tel individu doit être assommant avec tous ces ennuis qu'il égraine à tout moment pour qu'on s'occupe de lui. Analysée en profondeur, la situation prend toute son ampleur. Vive l'ampleur, comme disaient les grognards :

« Tu crois que nous pouvons faire quelque chose pour l'aider ? »

Vouloir aider les autres est déjà en soi une bonne chose, le savoir en est une toute autre et Kochka a toujours en mémoire les égarements qui ont troublé sa première enquête :

27

« La peur de l'erreur est la pire des excuses de l'indifférence. »

Ce n'est pas ça qui nourrit son homme et Zoya, qui fait bouillir la marmite mais achète aussi de quoi mettre dedans, a un autre souci en tête et coupe court à ses divagations auxquelles elle vient de avec un réalisme brutal :

« Bon, ce n'est pas tout ça, mais les magasins vont fermer et si on veut manger, il faut que j'aille faire les courses. »

C'est malin, juste au moment où il allait commencer à s'admirer. Que ne diraient-elles pas si on coupait la grande scène d'amour d'une production sentimentale à la guimauve par une tirade pathétique sur l'augmentation du prix de l'essence ? Kochka en est tout déconfit mais réplique avec noblesse et sur un ton des plus calmes :

« Pense à prendre de l'huile d'olive, il n'y en a presque plus. »

Il vaut mieux éviter de jeter de l'huile sur le feu en racontant des salades et tout ça ne mérite pas qu'on en fasse tout un plat. Sa chère et tendre étant partie faire ses emplettes, Kochka se replonge dans ses méditations métaphasiques, philosophiques et stratégiques sur l'épineux problème auquel il est confronté en ce moment :

« C'est vrai qu'il nous reste de l'huile de noix mais ça ne va pas avec tout. »

28

Kochka jette un coup d'œil distrait sur des prospectus divers et éparpillés qui traitent, non pas de ce sujets culinaires, mais de nouvelles lois promulguées, certes, dans la louable intention de protéger les salariés touchés par ce genres d'événements aussi imprévus qu'imprévisibles, mais qui ne sont guère plus que des déclarations d'intentions à cause des trop nombreux facilités d'échapper à ses contraintes qu'elle offre, et qui finissent par la dénaturer :

« Que de belles intentions auxquelles il ne manquera à jamais que que d'être suivies d'effets ! »

C'est hélas le défaut de la cuirasse car tout y est prévu et dans les moindres détails pour que tout se passe au mieux, sauf l'application qui n'est pas rentrée dans les mentalités et qui rend totalement inutile ce répertoire exhaustif des moyens à mettre en œuvre, avec même des aides prévues pour compenser d'éventuelles baisses de productivité consécutives à l'altération par le handicap du matériel humain concerné et dont la rentabilité effective ne serait plus suffisamment ajustée aux objectifs commerciaux définis par les cadres bien pensants :

« En fait, dans ce genre d'affaires, personne n'a une vision globale de la réalité. Le médecin ignore l'environnement social et professionnel et les autres les réalités de la maladie. »

29

Chacun, dans sa spécialité, ne dispose que d'informations fragmentées alors que la véritable souffrance naît d'un tout dans lequel la maladie ne représente qu'une infime part d'un vécu complexe que personne ne peut comprendre sans avoir tous les éléments :

« Chacun a sa pièce du puzzle, mais aucun intervenant n'a ce qu'il faut pour concrétiser l'image. »

Même la victime est perdue dans la multitude de conséquences hétéroclites mal comprises pour avoir été mal expliquées. Kochka prend peu à peu conscience de ce que sera son rôle dans la mission qu'il s'est fixée :

« Je serai ce coordinateur neutre, celui qui rassemblera les pièces du jeu pour faire de cet amas de données morcelées un paysage dont chacun pourra saisir le sens. »

Une grande idée est née, mais tout reste à faire. Il n'en est que dans l'élaboration générale de sa stratégie d'action, du-moins, sur le terrain du handicap, car il ne se limite pas à ce seul rayon d'action, et il est plongé dans ses pensées quand soudain, on frappe à la porte...

III

« Entrez. »

Je sais, le mot n'est pas très original mais c'est celui qui convient en telle circonstance et il n'a même pas encore suffisamment d'informations pour préciser le sexe de l'intrus qu'il est donc encore indiqué d'indiquer par un masculin de convention plutôt que de raison. La porte s'ouvre lentement, presque timidement et une voix fluette se faite à peine entendre :

« Bonjour, monsieur Kochka, excusez-moi de vous déranger. »

Cette fois-ci, ayant pu constater sans l'ombre d'un doute le sexe de la personne, il peut répondre avec plus de précision :

« Bonjour madame. »

Lorsqu'on est détective, quelles que soient les types d'enquêtes qu'on mène et le cadre où on les conduit, deux choses sont essentielles, prendre grand soin d'observer les gens avec la plus grande attention et savoir les écouter sans diriger leurs récits par des questions trop précises qui seraient fatalement orientées par des préjugés nés de votre propre vécu et fausseraient votre jugement :

« Asseyez-vous, je vous prie. »

Kochka a beau être tout jeune dans son nouveau métier de limier, il s'est établi il y a un peu plus d'un an et n'a guère eu de clients, il n'en a pas moins, lors de ses premières affaires, acquis l'expérience précieuse de l'échec. Il est bien fermement décidé à ne pas se laisser guider par ses impulsions et à rester réceptif en, toutes circonstances à tout ce que pourront lui apprendre le seul usage de ses sens. Un vol ou un crime laissent souvent des indices matériels remarquables sur les lieux où il a été commis, mais ici, les traces du forfait sont inscrites dans l'âme de la victime. La plaie n'est pas aussi lisible, au premier abord, que celle qui aurait été laissée, par exemple, par un couteau, une arme à feu ou n'importe quel objet contondant. Mais avec un minimum d'attention, une autopsie morale peut être réalisée sur le visage ou par une dissection soigneuse des premiers mots. Ensuite, avec l'évolution de leur relation, quand ils se connaîtront mieux, une plus grande aisance grâce à une plus grande intimité finira fatalement par naître, les réactions seront moins spontanées et le jugement sera faussé. Il est donc crucial pour la résolution future de l'énigme de ne rien laisser passer en ces premiers instants. C'est maintenant que tout se joue, et la suite de ses investigations ne sera là que pour confirmer, moduler ou infirmer ce que lui aura dicté un instinct vierge :

« Je suis vraiment désolée de vous déranger, vous devez avoir beaucoup de travail mais on m'a dit que vous pourriez m'aider. »

Elle semble effrayée, presque terrorisée. Kochka constate la difficulté peureuse qu'elle éprouve devant lui et en déduit que le traumatisme a certainement été causé par un individu de sexe masculin. Bien sûr, ce ne sont là encore que des suppositions qu'il convient de traiter avec la plus grande circonspection et contrôler avec prudence et patience, mais voici une première piste qu'il ne faut pas négliger :

« Vous ne me dérangez pas du tout, madame. »

Il doit parler le moins possible pour qu'elle en dise le plus. Un silence gêné et pesant lui permet de prendre quelques notes, à la dérobée et de se faire une première idée sur celle qu'il a en face de lui. C'est une femme d'une quarantaine d'année, blonde et agréablement ronde et qui pend soin de sa personne. Son regard est triste et doux en ce moment mais a gardé comme une luminosité juvénile :

« Elle aimait rire avant que ne tombent sur elle de graves ennuis… »

Les catastrophes soudaines figent les expressions des visages pour l'éternité comme ces hommes de Pompéi qui ont pétrifiés dans la position qu'ils avaient quand la lave brûlante jaillissant du Vésuve les a privés de vie :

« Je vous en prie. »

Kochka, par ces mots et un geste encourageant, l'invite à continuer :

« Je travaille comme assistante maternelle dans une crèche, mais, en ce moment, je suis en arrêt maladie. »

Elle s'est présentée en quelques mots en mettant en avant des données administratives et générales puis elle se mure à nouveau dans un silence craintif ; comme si elle en avait trop dit. Kochka se garde bien de la brusquer et attend qu'elle se sente en confiance, en profitant pour la contempler et l'étudier plus en détail :

« Elle est jolie. »

Il se reproche aussitôt cette remarque subjective qu'il s'est faite à lui-même. Mais avant d'être enquêteur, on n'en est pas moins un homme, et, à ce titre, il ne peut qu'être séduit par la beauté de ses yeux clairs comme par la profondeur du décolleté dévoilant une poitrine abondante à la peau blanche :

« Quel être peut avoir été assez frustre pour être resté insensible à tant de charme ? »

L'idée lui vient alors que, justement, le bourreau y a peut-être succombé mais que celle-ci se refusant obstinément à lui, il se serait vengé d'une sinistre manière qui est l'objet de sa visite. Mais Kochka se reproche immédiatement cette conclusion un peu hâtive :

« Je vais encore trop vite. Me voici lancé sur une affaire de mœurs alors que je ne sais rien encore de son histoire. »

Dur apprentissage que celui de l'objectivité indispensable. Il faut faire abstraction de tout se qui apparaît à l'évidence pour ne voir que ce qui est caché. C'est de son aptitude à le faire que dépendra la réussite de sa mission et, pour parer à toute nouvelle tentation, il décide de la pousser un peu à être plus généreuse en confidence, alors que le silence se prolonge, mais toujours sans poser de questions trop directes qui pourraient l'influencer, comme on relance une machine grâce à l'action d'une manivelle :

« C'est un joli métier quand on aime les enfants. »

Le visage de l'inconnue s'éclaire soudain et elle reprend avec une vivacité surprenante :

« Oui, j'adore les enfants et mon travail me plaît beaucoup. »

Si on a pu l'accuser de quelque chose, ce n'est apparemment pas d'avoir fait preuve de manque de motivations et d'intérêt pour la tâche qui lui avait été confiée. Kochka remarque aussi qu'elle en a parlé au présent, et c'est un élément important :

« Elle se sent visiblement toujours intégrée à son environnement professionnel que, dans son esprit, elle n'a quitté que provisoirement. »

C'est une observation d'importance car on n'agit pas du tout de la même manière avec un salarié dégoûté et blasé et avec quelqu'un qui garde au fond de lui le désir de retrouver la vie active et sa place dans la société. Le portrait moral de l'inconnue se dessine doucement dans son esprit tandis qu'il écoute la suite de ses mésaventures. Le puzzle se construit petit à petit et une première idée du tableau final commence à s'assembler :

« C'était déjà mon premier emploi quand j'étais jeune mariée mais j'avais du arrêter de travailler pour m'occuper de mes enfants et seconder mon mari qui venait d'ouvrir son propre cabinet. »

Voilà encore qui plaide en sa faveur, elle avait déjà une expérience dans le domaine et n'a pas cessé par incompétence ou pour quelques lugubres raisons. Une enquête sérieuse doit être menée au sujet des candidats à de telles professions et elle n'aurait pas été reprise si il y avait eu un quelconque doute sur ses capacités ou sa moralité. Elle n'a pas non plus cessé de mener une vie active pour se laisser aller à d'éventuels penchants pour la paresse. Kochka la laisse continuer son récit tout en commençant à mieux connaître sa cliente :

« J'avais quitté à regret mes chérubins pour prendre soin de mes bambins. »

36

Un voile de tristesse mélancolique passe sur son visage devant lequel défile cette période de sa vie, tandis qu'elle ajoute d'une voix presque murmurée et sur un ton de confidence :

« Ils sont tellement mignons, tellement purs... »

Il est impossible de feindre une telle sincérité et Kochka abonde en son sens, hasardant une discrète saillie d'humour philosophique mais dont il a soin d'atténuer les effets par un léger sourire :

« C'est le bel âge et l'idéal d'une vie humaine. Nous devrions passer directement de la juvénilité à la sénilité sans passer par la période sordide de l'état d'adulte. »

Si il est important de garder toute son objectivité, il ne l'est pas moins d'apprécier la personne qu'on va aider et de croire en sa sincérité. Il y a tant de tendresse dans ses yeux et son léger accent colore une voix douce, faite pour dire des choses gentilles et peu préparée aux batailles d'une impitoyable société. Kochka l'imagine mal se défendant avec fougue contre un patron indélicat, mais il la voit sans peine expliquer les règles d'un jeu à un petit groupe juvénile agité en barboteuse :

« Pendant une quinzaine d'année je suis donc restée à l'écart du monde du travail mais je ne manquais pas d'occupation et ma vie me plaisait. »

Un monde laborieux et qui connaît bien entendu ses soucis, mais aussi protégé, dans son cocon ouaté, loin de l'univers impitoyable et destructeur du marché du travail. Rien dans son vécu, depuis son enfance jusqu'à ce jour, ne la préparait à gérer avec une quelconque chance de succès les éternelles tracasseries nauséabondes de ces situations obstinément et volontairement complexes, à se comporter habilement dans un état d'hostilité permanente et à affronter les éléments déchaînés dans le terrible champ de bataille de notre société. Comme la pluie qu'on ne voit qu'à travers une vitre :

« Je n'ai jamais eu à remplir un formulaire administratif moi-même. Mon père puis mon mari étaient chargés de cette tâche et ils n'ont jamais pensé à me montrer. »

Naïveté et ignorance sont les meilleures bases de l'asservissement. Les dictateurs l'ont bien compris et cette tradition, qu'elle soit une intention volontaire ou non, de maintenir dans l'ignorance ceux que, justement, on devrait éduquer, est lourde de conséquences pour ceux ou celles qui se retrouvent passifs devant la volonté des grands. Mais là n'est pas le sujet, même si on s'en rapproche et que sa philosophie générale est très ressemblante. Kochka, fidèle à ses bonnes résolutions, ne dit mot et la dame qui continue :

« Aujourd'hui, j'ai beaucoup de mal à gérer mes affaires toute seule, c'est si difficile quand on n'y a pas été habitué, de déchiffrer le langage technocratique qu'on utilise dans les nombreux questionnaires administratifs et juridiques que je dois remplir. D'autant plus que le français n'est pas ma langue d'origine,

Il est certain que ça doit constituer une difficulté supplémentaire qui n'est pas, non plus, prise assez en considération alors qu'on va lui demander, étant considéré comme handicapée, de gérer une situation encore plus complexe que pour les autres et dans laquelle n'importe qui serait perdu :

« Il y a tant de paperasse à remplir, tant de démarches à effectuer pour la prise en compte de son handicap, pour les problèmes liés au travail, au divorce aussi… »

Le récit part un peu dans tous les sens, c'est assez normal vu le traumatisme subi mais, si il veut tirer quelques informations indispensables de base de l'entretien, Kochka doit sortir de son silence stratégique et orienter le débat en rebondissant sur un simple mot qui va la faire réagir, replacer le récit à un point chronologique, lui rende sa cohérence et lui permettre de comprendre mieux la situation, avant de pouvoir y trouver une solution :

« Vous avez divorcé ? »

Le divorce est la conséquence d'un certains nombres d'événements et s'attaquer à ses causes en amont pourrait permettre autant de l'éviter, avec le traumatisme qui l'accompagne, que de résoudre un certains problèmes, à condition de s'y prendre à temps. Hélas, on a tendance, par paresse ou par indifférence, à passer aux soins palliatifs dans ce domaine avant d'avoir tenté de guérir la maladie. Il est plus grave de ne pas prendre en compte dans la prise en charge d'un patient les conséquences de sa pathologie sur le plan social et familial que de se tromper dans le dosage de ses remèdes. Dans le second cas, si la surveillance médicale est assez sérieuse, on a le temps de se rendre compte de son erreur et d'y remédier. Dans le premier, on a isolé, parfois définitivement celui-ci dans une solitude morale désastreuse dont il ne survivra pas :

« Oui. Il paraît que j'ai eu des problèmes psychologiques… »

Étaient-ils psychologiques ? Peut-être, sans doute un peu. On a tous des névroses plus ou moins marquées et qu'on gère plus ou moins bien. Et dans ce cas, ils seraient plus logiques que psy. Une aide sur ce plan ne peut qu'être positive mais la restriction de dérives du comportement à cette seule origine conduit aussi à ignorer d'autres causes qui auraient pu être révélatrices :

« Je grossissais… »

À un certain niveau, il n'y a plus que les imbéciles pour croire que ce n'est dû qu'à un comportement alimentaire. Si ils s'intéressaient aux effets les plus visibles, par exemple des modifications de poids extrêmes et extrêmement rapides devraient être de nature à inquiéter quelque peu ces messieurs les thérapeutes. Ce serait le cas si ceux-ci étaient ainsi, de nature bilieuse à se tourmenter pour leurs clients. C'est que les gens malades ont cette pénible manie de vouloir toujours vous parler de leur maladie sans se préoccuper de savoir si ça vous intéresse ou pas. Au fur et à mesure qu'elle parle, Anna prend confiance, se sent plus à l'aise avec cet inconnu qui l'écoute et même retrouve ce sourire doux et expressif dont elle devait user avec tant de succès auprès des petits comme des grands. On dirait qu'elle est en train de narrer un conte :

« Avant, j'étais une jeune femme fine et souple… »

Le vieillissement aussi doit être psychologique. Mais son cher et tendre devait s'attendre plus ou moins à ce que cet état d'éternelle jeunesse se bonifie quelque peu avec le temps. Elle continue quelques minutes sa mélodieuse évocation de l'époque révolue puis soudain, comme un ciel bleu sur lequel passe un nuage, son regard s'obscurcit :

« Je me suis rendu compte peu à peu qu'il me trompait. »

Toute femme est fatalement destinée à craindre d'être ou être trompée à cette époque critique de fragilisation du couple. C'est tellement ancien et habituel qu'il n'est pas étonnant que ce genre de chose arrive mais extraordinaire qu'on s'en étonne encore. C'est même un phénomène bien connu des spécialistes de l'âme humaine qui l'ont mainte fois décrit, décrypté et analysé ainsi que d'écrivains humoristes facétieux qui ont fait avec succès de ce tragique événement la base de leur production dramatique :

« Je sentais bien que je ne l'attirais plus comme avant et il allait de plus en plus souvent à de mystérieux rendez-vous qui n'étaient pas notés sur l'agenda. »

Coupable étourderie :

« Bien sûr, je n'ai jamais pu le prouver, il était bien trop habile pour ça. »

Peur que ses attraits d'aujourd'hui n'agissent plus aussi bien que ceux d'hier ? Soupçons bien fondés ? Jeu un peu pervers d'un homme touché par le démon de la quarantaine ? Simple quiproquo né d'un déficit de communication ? Peut-être est-ce un peu des quatre, rien n'est si facile à expliquer et une unique raison ne donne souvent qu'une vue parcellaire fatalement et une interprétation erronée qui conduit au désastre :

« Mais j'en étais certaine. »

C'est ainsi qu'une simple et hâtive déduction condamne deux victimes à l'exil perpétuel et deux amants à la haine éternelle. Le couple n'offre pas l'équité d'un jugement à celui qui est soupçonné et n'a souvent même pas le droit à la présomption d'innocence, même pas le droit de se défendre. Celui qui a déjà connu une scène de ménage sait combien il est difficile alors de faire entendre ses arguments. Mais elle n'est certainement pas là pour un problème conjugal, d'ailleurs plus d'actualité depuis longtemps. Kochka sait que ce n'est pas l'objet de sa visite et doit ramener sa narratrice au principal sujet qui l'a amené dans ce bureau :

« Vous avez donc repris votre travail après votre divorce. »

Il faut cadrer le débat sans le guider, exercice difficile mais indispensable pour connaître et résoudre le véritable problème auquel il devra s'attaquer. La malheureuse dame, assommée, accablée et assaillie de toutes parts a bien du mal à faire le point, à trier, à comprendre, même ce qui lui arrive. Kochka est là pour lui apporter ce recul et distinguer le ciel bleu qui pointe à l'horizon dans le ciel tourmenté par la tempête. Elle semble se ressaisir après le moment d'un coupable abandon, se secouer de sa torpeur, et elle reprend son récit à la page indiquée :

43

« À l'époque, je n'étais pas encore malade, ou, tout du moins, les médecins n'avaient pas encore diagnostiqué ma maladie. »

Enfin, après le passé lointain et le passé proche, on n'arrive doucement vers le présent, et peut-être, la cause du souci :

« Quand je me suis présentée dans la crèche où je travaillais avant, le patron a accepté tout de suite de me reprendre. »

Formidable, mais ce n'est certainement pas pour avoir été accueillie à bras ouvert que la ronde et belle blonde au doux accent de l'est est venu le voir. Et la voilà repartie dans une nouvelle diversion :

« C'était comme une nouvelle jeunesse, une nouvelle vie qui s'offrait... »

Kochka comprend que, dans un cas pareil, il va lui être difficile de distinguer ce qui est prioritaire, ce à quoi on peut apporter une solution, de l'essentiel, mais sur lequel on n'a hélas plus de prise :

« Et ça s'est bien passé dans votre nouveau travail ? »

Il a pris pour poser cette question un docte ton, froid, presque médical. Elle réfléchit, hésite, semble rassembler ses souvenirs puis répond d'une voix intimidée, dominée tout à coup dans un entretien où jusqu'à présent elle avait la main :

« Oui, il n'y a eu aucun problème et j'étais même très appréciée mais un jour, j'ai eu un malaise… »

La bonne voiture qui jusqu'ici fonctionnait parfaitement et qui, un jour, tombe en panne. On peste, on tente de la réparer parce qu'en prendre une autre, ça coûte cher… Mais, si elle ne peut être réparée ou si elle risque de ne plus vous rendre les mêmes services qu'auparavant, on s'en sépare, parfois avec regret, pour en acquérir une autre :

« À l'hôpital où j'ai été transportée en urgence, ils m'ont expliqué que j'étais atteinte de diabète. »

Certains esprits chagrins pourraient faire remarquer qu'avec un minimum d'écoute des symptômes et une prise de sang appropriée, la pathologie eut pu être diagnostiquée bien plus tôt, mais, ce sont là des gens peu respectueux de la supériorité carabinée de nos carabins, et je refuse de m'associer à de telles pensées blasphématoires. Si les médecins ont décidé que ce mal était psychologique, c'est qu'ils avaient leurs raisons :

« Moi, j'ai connu quelqu'un à qui on a fait suivre pendant deux ans de psychothérapie pour une tumeur au cerveau. Et pourtant, il n'y a pas eu erreur médicale, il a été confirmé qu'il avait eu une enfance malheureuse… »

Les gens sont vraiment médisants, il y en a même qui oseraient pousser cette honteuse outrecuidance jusqu'à affirmer que certains exerceraient ce beau et généreux sacerdoce uniquement pour gagner de l'argent. Soudain, elle blêmit, sa main tremble légèrement et sa respiration se fait haletante. Elle sort une petite mallette de son sac dont elle extrait un curieux appareil. C'est comme un acte rituel auquel elle se consacre avec le plus grand soin :

« Excusez-moi, il faut que je mesure ma glycémie. »

La maladie, c'est aussi ce constant esclavage, cette surveillance de tous les instants et les remèdes qu'il faut doser et prendre à heure fixe. Une goutte de sang a fait rougir le mouchoir avec le quelle elle a essuyé son doigt. Kochka veut dédramatiser une situation qu'il ne sait pas trop gérer, briser cette ambiance de gêne qui s'est soudain installée. Il hasarde une plaisanterie des plus douteuses que lui inspire la situation, mais sans penser à mal :

« Ce n'est pas grave, au contraire, je n'ai jamais goûté à un boudin sucré. »

IV

« Je suis vraiment désolé pour ce que j'ai dit tout à l'heure. »

Le moindre qu'il puisse faire, après une sottise pareille, ce serait de l'inviter à déjeuner au restaurant pour se faire pardonner. Quand elle a éclaté en sanglots, il n'a même pas compris ce qui se passait. Kochka, maladroit mais certes pas gougeât. L'association du sang dont on fait une savoureuse charcuterie et du sucre ne pouvait être autre chose qu'une allusion culinaire. On fait bien du boudin aux pommes :

« Je n'ai pas du tout pensé au boudin dans ce sens là. »

L'idée qu'une femme dont la masse corporelle s'était soudain modifié de spectaculaire manière put y voir une moquerie sur son physique ne l'avait même pas effleuré. Il est vrai que l'étourdi praticien qui la suivait ne s'en était apparemment pas alarmé plus qu'il ne fallait à ce sujet, n'avait pas plus tenté de l'aider à assumer puis à gérer cette brutale surcharge pondérale à laquelle elle n'avait pas été accoutumée et tous avaient ignoré obstinément la profonde détresse morale et les complexes qu'un tel changement dans son apparence physique avait pu engendrer.

La plastique de cette plantureuse quarantenaire n'évoque pas du tout la masse molle de la charcuterie, elle est rayonnante dans toute la somptueuse sculpture d'une beauté accomplie et sa poitrine magistrale éveille tout autre chose que des désirs culinaires. Si il l'avait qualifiée d'appétissante, en son for intérieur, la manière de la déguster qu'il envisageait impliquait plus que la belle soit à poil que sur la poêle et vous me permettrez, s'il-vous-plaît, de jeter un voile pudique sur les sensuelles recettes qu'il avait imaginé :

« Qu'est-ce qui vous arrive ? »

Tout d'abord, il n'avait pas compris et se trouva fort dépourvu quand la dame éclata en de violents sanglots. Sa première idée fut que les résultats de ses savantes mesures étaient des plus alarmants et il entreprit de la rassurer du mieux qu'il pouvait :

« Parlez-moi, je vous prie. Vous avez mal ? »

Je ne sais pas si vous avez déjà essayé de parler avec une femme que vous venez de traiter de boudin, mais, ayant testé pour vous, je peux vous garantir que ce n'est pas là une tâche évidente. Kochka n'a pas saisi l'ampleur de la gaffe qu'il vient de commettre et même oublié l'énormité grossière qu'il a prononcée avec une naïveté étourdie :

« Voulez-vous que j'appelle un médecin ? »

Il avait fait cette proposition avec la plus parfaite et candide innocence, et le pire auquel il pouvait s'attendre, en pareil cas, était d'essuyer un refus poli. Au-moins, ça représentait un avantage indéniable, elle serait bien obligée de sortir de son inquiétant mutisme pour l'empêcher de téléphoner, ce qu'il s'apprêtait à faire quand soudain elle se lève, rouge écarlate d'un colère dont l'explosion verbale ne tarde pas à suivre :

« Vous-vous moquez de moi ! »

Kochka est saisi de stupeur devant cette brutale manifestation de rage. Il lance un regard stupide et implorant à la fois, perdu par le brusque et imprévisible changement qui s'est opéré chez cette dame auparavant calme et posée qui lui parlait. Il ne comprend pas du tout ce qui a pu causer une telle réaction mais déduit de l'accusation haineuse et soudaine qu'il n'y est certainement pas tout à fait étranger. Il balbutie lamentablement :

« Mais enfin, que vous ais-je fait, madame ? »

Il a déjà pris conscience d'avoir certainement fait quelque chose de grave, c'est déjà un sérieux progrès. Reste à savoir quoi, et la discussion semble tout à fait aussi impossible que lors d'une scène de ménage dans couple ordinaire. Il essaie désespérément de faire dire ce qui a causé un tel effet à sa visiteuse émotive, et se fait presque implorant :

« Croyez-moi, si j'ai pu vous froisser, c'est bien involontairement... »

Il progresse pas à pas dans sa laborieuse recherche de l'énigmatique solution au rébus mélodramatique :

« A mis très en colère la dame. »

Elle est visiblement gravement outragée, mais cette constatation, pour évidente qu'elle soit, ne lui donne que peu d'indice sur la réelle cause de ce tourment. Notre fin limier a pu déduire des quelques indices visuels et auditifs dont il dispose que l'ire féminine est nettement dirigée contre lui. Il fouille dans sa mémoire en quête d'éléments concordants et significatifs lui permettant de déterminer avec exactitude son taux de culpabilité effective :

« Si vous me disiez, au-moins ce qui na va pas. »

Le droit à un procès équitable et à se défendre est reconnu à peu près partout sauf dans les dictatures et dans un couple. Il est indéniable que l'accusation ne peut avoir que de justes motifs à un si vif courroux mais, avec un peu d'effort, peut-être pourra-t-il plaider des circonstances atténuantes et alléger la lourde peine de quelques heures de bouderies. Anna lève ses yeux bleus rouges de sang puis lui crache à la figure une nerveuse et brève réplique :

« C'est vrai, j'ai beaucoup grossi... »

50

L'essentiel est dit, en cette phrase suspendue, et avec quelle hargne belliqueuse, dans son ciel tourmenté comme une épée menaçante mais à laquelle ne manque que l'explication de ce qui a déclenché de telles foudres. Kochka ne dispose pas d'une ancienneté assez intime dans le passé de sa visiteuse et ne peut donc pas établir de comparaisons, mais il la trouve tout à fait charmante, du moins, quand elle ne se met pas dans de telles colères :

« Vous êtes superbe, une vrai femme ne doit pas ressembler à ces squelettes de magazines qui n'ont pas plus de formes que mon petit frère… »

Il n'a pas de frère mais l'aimable saillie se voulait consolatrice d'un chagrin encore bien inexplicable. Il n'est tout de même pas responsable, même si il les apprécie à leur juste valeur, de ces douces rondeurs qui enchantent les hommes mais désespèrent leurs propriétaires. Anna hurle presque son agressive assertion :

« Peut-être, mais ce n'était pas bien de me traiter de boudin. »

Kochka, qui a depuis longtemps oublié sa douteuse plaisanterie, ne comprend pas tout de suite l'inattendue allusion à la charcuterie qu'il est sensé avoir faite. Il n'a jamais eu pour habitude de traiter de boudin qui que ce soit et l'idée qu'il ait pu insulter de telle manière une dame lui parait totalement saugrenue :

« Je vous ai traitée de boudin ? »

Si il a oublié, sitôt lâché, cet outrageant jeu de mot auquel il s'était livré il y a bien peu de temps pourtant. Anna en a chaque mot gravé dans la mémoire et n'a pas encore pardonné, mais, le voyant aussi désemparé et malheureux, elle se radoucit et lui répond presque avec douceur bien qu'en marquant ses mot avec une certaine fermeté rancunière quand elle lui rappelle ce qui a causé tout le drame :

« Vous m'avez dit que je ressemblait à un boudin sucré. »

Le trait n'était déjà pas un chef-d'œuvre de galanterie mais sorti de son contexte et ainsi modifié, l'injure est encore moins excusable. Kochka rassemble péniblement ses souvenirs et reconstitue moralement les événements, puis reconstitue piteusement la fameuse saillie dans sa véracité philosophique d'origine ayant enfin compris son énorme bourde :

« En pensant au sang, j'ai pensé au boudin dont je raffole et le diabète a évoqué le sucre dans mon esprit un peu trop imaginatif. »

Une double association d'idées pas vraiment courtoises mais il n'y avait derrière aucune volonté méchante, et ils en rient ensemble de bon cœur quand ils se retrouvent face-à-face à la table nappée de blanc d'un petit restaurant du quartier :

52

« Je n'avais pas du tout l'intention d'être méchant, ce n'est pas ma nature, juste de faire un peu d'humour. Mais je reconnais que j'aurais dû réfléchir un peu avant de parler. »

Tourne sa langue sept fois dans sa bouche, comme on dit. Mais, déjà, si on arrive à faire seulement un tour, on peut être pardonné pour toutes les bourdes qu'on a commises, si la rotation est complète et effectuée sur elle-même. Et après, il ne restera plus qu'à l'avaler, ce qui évitera de dire de nouvelles bêtises :

« J'étais si mince avant… »

Dans l'avalanche des ennuis les plus graves qu'elle connaît, c'est étrangement celui de son surpoids qui la préoccupe le plus. Le premier dont elle parle alors qu'elle n'a pas encore évoqué celui qui a motivé sa démarche. Kochka comprend maintenant tout l'effet que sa gaffe a pu produire sur cette femme fragilisée :

« C'est comme vous êtes aujourd'hui que je vous trouve très jolie. »

Il est sous le charme de la soie de ses yeux et du velours de sa voix, son regard se perd dans les envoûtants reliefs d'une poitrine fière. On ne se voit qu'à travers le miroir déformant d'une subjectivité complexée, mais le spectacle que nous offre notre imagination exacerbée n'a que peu à voir avec un concret relatif, mais plus mesuré :

53

« Vous ne pouvez pas savoir ce que ça fait de se regarder soudain dans la glace avec des masses graisseuses flasques, se sentir soudain monstrueuse, une sirène qui se serait changée en baleine . »

L'image qu'on a de soi est parfois bien rude. Et puis, hier, elle mangeait ce qu'elle voulait, elle était aimée et estimée dans une société qui la considérait comme une personne respectable. Son existence était simple et coulait comme un de ces paisibles films d'une vie quotidienne aux éclats bien modestes :

« J'étais au paradis, je me suis réveillé en enfer. »

Le cadre plus chaud du petit restaurant est propice aux confidences et Anna y entame le récit de sa douloureuse aventure :

« Ce jour-là, j'étais sortie pour un motif des plus banals et je ne pouvais pas me douter que mon existence allait basculer. »

La veille de sa mort, il était toujours vivant. Cette lapalissade caricaturale n'a jamais été aussi vraie. N'importe qui peut être frappé à l'improviste par cette fatalité de l'événement que rien ne laissait présager l'instant auparavant, bien qu'inévitable pour tous :

« Tout s'est mis à tourner, ma vue s'était troublée et les bruits de la rue semblaient venir de loin. Mes jambes ne me portaient plus… »

Ce bref moment, alors qu'on est à peine conscient, et dont, pourtant, on se souviendra en détail toute sa vie :

« Quand je me suis réveillée, j'étais sur un lit d'hôpital et un homme en blouse blanche me faisait une conférence sur les soins journaliers et constants que je devrait accorder désormais à ma petite personne. »

On vous donne des conseils, vous distribue des informations mais il n'existe pas d'école pour y apprendre à être malade. Elle montre cette boite noire avec laquelle elle mesurait tout à l'heure la quantité de sucre d'une gouttelette de sang prélevée sur son doigt :

« J'ai dû apprendre à me servir de ce sinistre appareil pour mesurer la quantité des remèdes qu'il me faudrait ingurgiter. Jamais je n'avais dû en prendre autant. »

Tout change en peu de temps, et de retour chez soi, les bons conseilleurs étant restés au chaud dans les hôpitaux, on se retrouve tout seul dans un monde nouveau et effrayant, comme un coupable découvrant l'univers carcéral au lendemain de son incarcération. La solitude devient alors le pire cachot qui se referme sur le condamné pour une peine d'éternité :

« J'avais basculé dans un autre monde dont je ne parlais pas la langue et je n'arrivais pas à réaliser ni à comprendre ce qui m'arrivait. »

55

Si vous comptez sur les médecins pour vous expliquer, vous n'êtes pas arrivés. Je n'ai jamais su si c'était de l'indifférence, de l'ignorance ou de la stratégie mais, quoi qu'il en soit, on a les grandes lignes mais jamais les détails. Cette impression que ceux qui devraient avoir les réponses à vos questions ne savent rien en vérité est assez angoissante et conduit à des erreurs de comportement qui peuvent être lourdes de conséquences :

« Je passe mes journées à peser tout ce que je dois manger, à comparer les aliments avec la liste des interdits qui m'a été confiée. »

La maladie est un travail à plein temps :

« Le pire, c'est de ne pas comprendre ce qui vous arrive, de ne pas mesurer la gravité de ce mal qui vous frappe si durement. »

Les médecins sont si obsédés par le secret médical que c'est à peine si ils vous avouent le nom de votre maladie. Encore le font-ils souvent dans un argot hellénique et inintelligible, si ils veulent bien condescendre à vous donner quelques explications, ils utilisent un langage si opaque qu'à la fin, on est plus terrorisé que réellement informé. Ensuite, on se débrouille pour adapter, tant bien que mal, les instructions journalières à une vie sociale dont nul ne se soucie :

« J'ennuie tout le monde avec mes problèmes. »

56

Tout le monde ennuie tout le monde avec ses soucis qui ne sont pas les nôtres et l'idéal serait une société où les autres ne s'intéresseraient qu'à nous. Mais, peut-on reprocher à quelqu'un donc la vie a subi un si radical changement d'avoir besoin de communiquer ? Anna mange avec appétit les crudités artistiquement disposées en un cercle coloré dans une assiette d'épaisse porcelaine et Kochka se sent soudain honteux devant l'assiette de charcuterie qu'il s'est commandée :

« Mais devrais-je attendre d'étrangers ce que mes proches… »

Il y a un ton de reproche dans ce proche, même s'il n'est pas directement visé, Kochka ne peut s'empêcher de se demander ce que serait son attitude si Zoya était atteinte d'une telle maladie et nécessitait une attention constante. Sans compter les aigres remontrances, chaque fois qu'il ne serait pas assez prompt à trouver la réaction adaptée à une situation imprévisible, bien que trop prévisible, comme un malaise, à laquelle rien ni personne ni personne ne l'avait préparé et qui se renouvelle avec obstination sans tenir compte de la pertinence du moment :

« Ma vie aussi serait devenue un enfer. »

C'est que ces fichus malaises se préoccupent bien peu de l'exploit sportif palpitant ou du dénouement tragique qu'ils nous font rater :

« Attends un peu, ce n'est pas fini... par moments, je me demande si tu ne le fait pas exprès pour attirer l'attention sur toi. »

C'est ainsi qu'on lui parle, désormais, sans comprendre ce qui la consume. Le tragique cercle vicieux de la discrimination se crée peu à peu et irrémédiablement si personne ne vient le briser. Le malade se soigne mais l'entourage aussi. Bien sûr, il y a un peu de vrai dans cette affirmation d'apparence première quelque peu choquante, mais n'est-ce pas humain ? Chacun cherche à accaparer au maximum l'attention de l'autre et encore plus en ces heures difficiles et quand on se sent si menacé et en permanence :

« J'ai peur souvent de ne pas me réveiller... » On sait ce qu'on doit faire tant qu'on est capable de le faire. On espère que les autres feront le nécessaire, si ils sont là... Tout est prévu, noté, consigné, édicté... Les honorables professeurs ont tout prévu. Tout le monde connaît, ou à peu près, chaque acte de son rôle dont l'épilogue reste à écrire :

« Je suis divorcée maintenant, les enfants font leur vie... Si j'ai un malaise quand je suis seule... »

Anna a décidé de se contenter d'une salade de légumes. Le serveur interrompt son récit en s'adressant à Kochka :

« Le plat du jour, c'est pour vous ? »

La vie continue avec ses joies, ses peines, ses plaisirs, elle ne diffère qu'en ce simple mais pesant détail, cette épée de Damoclès suspendue en permanence au-dessus une tête qui déjà bouillonne pourtant de mille angoisses existentielles :

« Elle est bien tendre… »

Moi, je pense à la viande, tandis qu'elle, elle pense à sa vie :

« La nuit, les peurs ressurgissent, telles des fantômes, et viennent pour la hanter jusque dans la douce chaleur de ses draps de soie rose. »

Le flot des confidences coule comme l'eau d'un robinet qu'on vient d'ouvrir en grand. Elle a tant besoin de parler et vient enfin de trouver quelqu'un qui l'écoute, qui ne l'interrompt pas avec des :

« Moi je... »

Toute la vie défile, juste interrompue par les alléchantes propositions culinaires de la serveuse en jupe courte et tablier blanc :

« Pour le dessert, nous avons une excellente tarte au citron faite maison. »

Le citron, dit on, dissout le sucre, mais cette fameuse recette est un monument dédié aux ennemis de la diététique. Elle est la tueuse charmeuse aux savoureux et blancs reliefs, avec sa crème onctueuse aux couleurs de l'or qui guette le gourmand dans l'ombre :

« Hélas, c'est un dessert beaucoup trop sucré. »

Anna pense si fort qu'on entendrait presque sous le casque de paille d'une chevelure scintillante. Ses yeux, sous leur écran de verre, expriment toute la nostalgie d'une époque à jamais révolue. Elle soupire, sourit puis commande d'une voix calme mais triste :

« Pour moi, ce sera une pomme, s'il-vous-plaît. »

Comme ils paient chèrement les pauvres avantages que pourraient leur valoir leur bien peu enviable statut. On a bien raison de jalouser ainsi ce petit droit, qu'on n'accorde pas aux autres. Ils ont parlé de beaucoup de choses mais pas encore abordé le sujet principal :

« Suis-je pardonné ? »

Ils sont assis tous deux comme deux petits vieux sur le banc d'un paisible jardin sous le chêne majestueux qui veille sur leurs âmes dévorées par les doutes. Un fluide subtil danse au rythme des pépiements d'oiseaux. Elle est superbe dans toute la puissance de sa triomphante maturité ; elle est belle de cette lumineuse jeunesse que le temps n'a pas réussi à effacer. Et le soleil se perd, comme pour lui rendre hommage, dans ses cheveux dorés :

« Oui, tout est oublié. »

V

« Tu as l'air de beaucoup te passionner pour cette affaire. »

L'ironie aigre de Zoya l'a surpris en pleine somnolence rêveuse et laborieuse. Kochka lève la tête vivement et se retourne. Elle n'a pas l'air de bonne humeur ce soir, un orage menace et de noirs nuages passent dans ce regard qui vient croiser le fer :

« Ce n'est pas pour moi que tu perdrais ainsi tes soirées dans les articles de loi. »

Qu'en sait-elle ? C'est pourtant avec elle qu'il partage plus ou moins sa vie. Mais l'heure n'est pas aux évocations pacifiques d'un bonheur en chantier ni aux essais comparatifs sur l'importance des moyens qui seraient mis en œuvre pour la tirer d'affaire en un cas similaire, en comparaison avec ceux qu'il passe actuellement pour comprendre le problème qui se pose pour une autre :

« C'est un cas qui me parait intéressant, en effet, mais pas simple… »

Zoya veut le conflit autant qu'il lui fait peur. Il faut qu'elle engage le combat, quel qu'en soit le motif, quels qu'en soient les dangers. La scène de ménage est en route et elle n'est pas décidée à lâcher sa prise troublée :

61

« Le délégué de l'U.R.I.N.E. est passé ce midi, il voulait te voir. Je lui ai dit que tu étais au restaurant avec ta chère et blonde cli-en-te… »

Les syllabes du dernier mot ont été détachées comme un acte d'accusation prononcé par un juge suprême. Le réquisitoire est impitoyable et la sentence tombe. Zoya ne répond pas à la question mais lance une nouvelle attaque et ses crises de jalousie :

« Cette femme t'a fait de l'effet. »

Kochka réagit avec une indifférence non feinte et un calme affecté. Zoya sent venir la fin de leur relation et en accélère inconsciemment l'issue par ses agressions :

« C'est un dossier difficile et je ne peux pas agir n'importe comment. J'irai le voir demain pour lui demander de m'aider. En attendant, il faut que je me renseigne sur cette maladie afin de mieux la comprendre. »

La maladie, c'est vrai qu'on y pense beaucoup, mais elle, elle ne vous oublie jamais. Il n'a pas appris beaucoup sur les soucis pratiques auxquels il est sensé pouvoir offrir un remède, mais il a l'impression de la connaître mieux, de mieux comprendre ce qu'elle a enduré, et il enchaîne, comme si il se parlait à lui-même. Mais Zoya contrattaque, impitoyable :

« Et la malade a des formes que tu aimerais bien découvrir. »

Kochka enchaîne, toujours dans son monologue, sans chercher à se justifier :

« Quand il y a faute, il est important de connaître sa nature dans les moindres détails autant que le cadre réglementaire auquel le coupable a dérogé. Dans le cas présent, c'est la maladie qui est en cause. Je dois donc la connaître si je veux mieux la défendre et ce n'est pas simple, crois-moi. »

Dans notre société moderne, pourtant fort avancée, autant sur le plan médical que sur les lois votées pour parer à toute discrimination, la maladie est érigée au stade de délit, contre la sacro-sainte production ou contre la normalité bien-pensante. Kochka ne se souvient de cet acte juridique, rédigée par une juge saine et en pleine possession de ses moyens intellectuels, mais qui mentionne, sans avis médical, l'état de santé d'un homme comme motif de sa décision :

« Pas plus que l'avocate, pourtant largement rétribuée, personne ne s'est soucié de la véracité du diagnostique évoqué et pourtant évidemment fantaisiste pour justifier un tel arrêt. »

Il ne s'agissait même pas de troubles mentaux pouvant provoquer quelques dangers pour l'entourage mais d'une affection qui empêcherait celui qui en est atteint de dormir dans un lit* :

* Véridique.

63

«Et je vais devoir contrer des arguments de ce genre auxquels il faut que je me tienne prêt à répondre. »

Il est vrai qu'Anna ne lui déplaît pas. Mais il a déjà une maîtresse, en plus de Zoya qui tient lieu d'officielle, cette jeune hôtesse qu'il a rencontrée lors d'une enquête* et qu'il revoit de temps en temps alors qu'avec Zoya, ses relations se sont très nettement espacées, et même quand ils se retrouvent tous deux, leurs soirées ne sont plus ce qu'elles étaient. Il s'ennuie avec cette femme triste. Surtout depuis que son fils, qui fut son adjoint du moment, s'est mis en ménage et ne vient plus beaucoup la voir. Lui-même ne va plus la voir que par habitude et s'agace quand elle vient chez lui, surtout qu'il craint que ses deux maîtresses se trouvent face à face, ce qui ne serait pas du meilleur effet. En attendant, il reprend sa lecture :

« Le diabète sucré est du à une défaillance des mécanismes biologiques de régulation de la glycémie… »

Kochka s'est plongé avec passion dans l'étude de cette pathologie aussi connue que méconnue, comprise qu'incomprise… Il en découvre les mécanismes qu'il essaye tant bien que mal d'intégrer à sa cervelle peu scientifique :

* Le corps au pied.

Il ressemble à un enfant la veille d'une interrogation écrite, la tête penchée sur les livres qu'il s'est procuré sur le sujet qui, bien que dits, de vulgarisation, n'en abordent pas moins de complexes sujets, et note sur un cahier ce qui lui paraît important à mémoriser :

« L'insuline est une hormone secrétée par le pancréas. »

Il y en a des trucs dans le corps humain. Le pire, c'est que tout ou presque est utile, voir indispensable là-dedans, et qu'on est bien embêté quand une pièce ne marche pas et qu'on se retrouve comme avec le dernier modèle d'une voiture de sport d'une marque prestigieuse dont les bougies seraient hors d'usage. Même avec un volant cuir et un tableau de bord en bois précieux fabriqué par le meilleur spécialiste, on reste obstinément sur place alors que, pendant le même temps, le plus modeste des véhicules de série sera arrivé à destination depuis longtemps. Il tente d'expliquer à Zoya dont il veut calmer l'amertume :

« Je ne pense pas qu'il soit possible d'assurer la défense des salariés atteints de troubles du métabolisme endocrinien sans avoir une parfaite conscience des manifestations émotionnelles ou confusionnelles liés à leur pathologie, et qui les font apparaître à tort comme psychologiquement instables ou dépressifs. »

65

Kochka lit à haute voix ce qu'il écrit. Cet élément qu'il vient de découvrir et qui semble de première importance. Il révise le complexe texte pour bien s'imprégner de la terminologie complexe de cet article polémique :

« Ces troubles ne sont pas assimilables à une quelconque pathologie d'ordre psychiatrique, bien que les médecins aient tendance par paresse ou négligence à faire de tels raccourcis, mais à une activation du système sympathique (SNA) et à la sécrétion des hormones du stress par la médullosurrénale. Suit une sécrétion d'hormones GH, TSH et ACTH par l'adénohypophyse que certains examens sanguins ou de la thyroïde peuvent parfaitement permettre d'identifier pourvu que le praticien se donne la peine d'en ordonner l'analyse. »

Il est toujours plus aisé, pour le thérapeute, d'aller au plus simple en assommant un individu à coups de neuroleptiques, amoindrissant au passage ses capacités de résistance, puis de l'éliminer de la société, que de mener les investigations nécessaires pour identifier ce qui est un événement naturel et mesurable qui ne met pas en cause l'intégrité psychique, les capacités intellectuelles de la victime de troubles du métabolisme. Kochka est tout fier de la brillante plaidoirie qu'il avait élaborée dans la solitude de son petit bureau :

« Ce ne sont que des troubles ponctuels qui n'ont aucune influence sur leur comportement à long terme, leur capacité à exercer certaines fonctions et plus forte raison sur leur capacité à être intégrés dans une entreprise, si on prend en compte leurs difficultés. »

Il en était là dans le compte-rendu qu'il avait rédigé pour sa cliente quand Zoya avait fait irruption et interruption. Naïvement, il s'attendait à quelques commentaires laudatifs et non à cette réaction irritée, voir ironique qui brise dans l'œuf toute cette autosatisfaction jubilatoire à laquelle il se livrait l'instant auparavant :

« C'est quoi ce délire ? Tu veux te présenter au concours de médecine maintenant ? »

Il est vrai que la tonalité du texte diffère très sensiblement du cadre professionnel des ses investigations ordinaires et qu'il s'intéresse de près au cas d'Ann. Les femmes voient toujours le mal là où il existe et il faut bien le reconnaître, Zoya a des raisons de s'inquiéter autant qu'elle a tort d'utiliser, pour sauver son couple une stratégie belliqueuse qui ne peut qu'en accélérer la chute. Kochka est ce qu'on appelle un célibataire endurci, bien qu'il ait été marié et d'autant plus, parce qu'il a été marié. Un électron libre, comme son chat, un être qu'on ne peut caresser que lorsqu'il est disposé à l'être, et qui peut changer de foyer sans aucun état d'âme :

« J'essaie simplement d'avoir tous les éléments en main pour comprendre cette histoire et surtout bien défendre ma cliente. »

C'est d'ailleurs la seule chose qu'il puisse faire car, avec Anna, ils n'ont pas abordé la question et ont flâné dans le jardin municipal après le repas, parlé de tout et de rien, surtout de rien, mais à propos de tout. Ils ont marché sous le soleil comme deux vieux amoureux que le temps n'éloignera jamais. Ils ne se sont pas dit grand chose mais se sont beaucoup parlé :

« J'ai passé une très bonne journée avec vous, mais je dois rentrer maintenant. »

L'après-midi s'était ainsi terminée presque brusquement. Elle lui avait tendu la main, il lui avait serrée respectueusement et ils s'étaient quittés, le plus courtoisement du monde, comme on le fait après une conversation d'affaire ordinaire. Kochka est un peu déconcerté par l'issue un peu froide d'un entretien qui avait été si chaleureux :

« Tu ne peux pas garder ton objectivité si tu t'investis sentimentalement dans cette affaire et tu vas commettre des erreurs qui desserviront celle que tu veux aider. »

Toute jalousie mise à part, Zoya a en partie raison. Son jugement est forcément faussé si l'affectif s'en mêle mais il est aussi renforcé par l'empathie qui manque souvent aux avocats :

« On doit aimer ceux pour qui on se bat, c'est même indispensable. Imagine qu'un avocat méprise son client. Comment pourrait-il le défendre correctement ? On ne fait jamais si bien les choses que si on les croit pas justes. »

La réplique frappe du tac au tac :

« Croire en une cause n'est pas coucher... »

Pauvre avocat obligé d'en arriver à de telles extrémités pour faire son métier. Surtout si il travaille dans le milieu des truands tatoués. À ce compte-là, il faudra bientôt choisir son avocate dans des magazines spécialisés, ça évitera les mauvaises surprises. Zoya n'a cependant pas tout à fait tort, même si ses soupçons sont encore infondés et que le danger est ailleurs. Kochka s'interroge intérieurement sur sa capacité à gérer les affaires d'une personne qui lui fait un tel effet. Il dément pourtant avec véhémence :

« Mais enfin, que vas-tu vas imaginer ? Ce n'est pas parce qu'on mange au restaurant avec quelqu'un qu'on se livre à des orgies érotiques. »

Il y a certainement des endroits plus discrets, surtout au moment du coup de feu, et mieux équipés pour cette activité, car une table, même joliment nappée, est beaucoup moins confortable qu'un lit et souvent plus étroite. Et puis, il n'est pas certain que le patron de ce restaurant où il va souvent, appréciera un spectacle qui n'est pas du genre de son établissement :

« Comment vous êtes-vous cassé le bras ? »

Sans compter le risque de tomber de table et de se faire une fracture :

« Je suis tombé de ma table au restaurant. »

Ou la cuisine était particulièrement épicée, ou alors, c'est qu'il a voulu faire un spectacle acrobatique pour distraire les autres convives... Je ne sais pas ce qu'a imaginé Zoya à ce sujet mais, en tous cas, elle persiste à ne pas apprécier l'escapade culinaire de son compagnon, et lui rappelle que sa situation financière n'est pas très bonne :

« Tu n'as quand même pas l'intention d'inviter tous tes clients au restaurant ? À ce train-là, il va être plus rentable d'ouvrir un restaurant, déjà que tes affaires ne marchent pas très fort. »

Et dans ce restaurant, il sera indiqué de faire parler les gastronomes de leurs problèmes d'intégration ou de harcèlement. Au menu, on pourra mettre les fayots du chef, les anguilles à la carriériste, la soupe à la grimace, le pigeon à la sauce comptable, le bleu de chauffe, le ragot de secrétaires et un camembert diagramme, arrosé par un petit vin pourcent de commission avant la tarte glacée, une chef de bureau aussi froide que laide, et l'inévitable pousse pause café :

« C'est vrai, je n'aurais pas dû... Mais les circonstances étaient exceptionnelles, et je lui devais bien ça pour me faire pardonner... »

Ce qu'il ne se pardonne pas, c'est d'en avoir trop dit. Le voilà obligé de raconter la bien peu honorable histoire du boudin sucré. Un exploit qu'il aurait préférer garder secret mais que cette irréparable gaffe l'oblige à révéler. Zoya, que tout ça n'a pas fait rire du tout, même pas sourire. Elle fronce ses yeux bleus clairs d'un air réprobateur :

« En somme, tu as insulté cette femme, dépensé le prix de deux repas et perdu une journée sans obtenir la moindre information. »

Les femmes sont comme les gestionnaires d'entreprises, il leur faut du résultat concret tout de suite et elles ne se préoccupent pas de futilités pourtant essentielles dans ce genre d'affaires et que les médecins négligent aussi :

« La gravité de la maladie dépend souvent de la capacité à la gérer de celui qui en est atteint et de son vécu. Les informations que j'ai recueillies me seront très utiles. »

Un de ces collègues, touché par le même mal, est peut-être en ce moment très à son aise dans le même milieu où personne ne se doute de son état pathologique. Chacun est différent et réagit à sa manière devant un imprévu souvent brutal. Ne pas prendre en compte ces données morales environnementales est une des fautes les plus graves, mais aussi des plus communes commises par les intervenants traditionnels :

71

« Tu comprends bien que je ne pouvais pas faire autrement après une telle bévue. »

Il est vrai qu'avec la jeune hôtesse, il n'avait pas eu besoin de commettre de maladresses pour passer du restaurant à d'autres activité. Et puis, ça lui a permis de la rencontrer dans un tout autre cadre, d'approfondir la question... On a de la conscience professionnelle ou on n'en a pas. Kochka ne regrette pas d'avoir tu son emploi du temps réel de l'après-midi. Dans un couple, faute avouée n'est jamais pardonnée. Il se tient le menton comme un penseur célèbre puis déclame d'une voix lente :

« La maladie, tu vois... »

Et on voit mieux quand on parle qu'on entendrait par le langage des signes :

« La maladie est comme certaines plantes, elle a besoin d'un terrain favorable pour donner ses beaux fruits empoisonnés. »

On peut imaginer en effet qu'un tel événement serait passé sans laisser de marques sur une femme habituée à soigner la même pathologie chez un de ses aïeux, en connaissant bien les caractéristiques et solidement entourée par l'amour de ses proches. Tous ces éléments que le médecin ne cherche pas à connaître sont pourtant essentiels pour une bonne prise en charge du patient. L'égalité parfaite n'existe pas chez les humains :

« J'avais donc besoin de connaître ce qui, dans son passé ou dans son entourage l'empêche de s'adapter à ces difficiles circonstances. Ce que les médecins ne font pas souvent, et c'est lourd de conséquences car ils laissent partir le malade à la dérive... »

Zoya hausse les épaules avec un peu d'agacement mais ça colère est passée. Finalement, c'est une bonne nature, et puis, elle n'a pas envie de perdre son ami :

« Tu crois que les médecins n'ont que ça à faire. »

Que ça à faire, certes non, mais une écoute minimale pourrait au-moins permettre de répondre aux questions de patients qui n'ont pas forcément fait dix ans d'études de médecine, leur expliquer les principes et les symptômes, de les diriger éventuellement vers des gens qui pourront les aider à gérer leur nouvelle vie :

« Bien sûr, il y a un protocole qui prévoit un certains nombre d'entretiens et de visites... »

Tout est compté, réglementé, rien n'est humanisé. On fait ce qu'on doit faire puis on relâche le patient dans l'univers qui était le sien avant que tout arrive. Il se retrouve soudain seul face à lui-même, face à ses angoisses et l'absolue solitude des nuits, face à une vie qu'il ne reconnaît plus avec ses régimes et prescriptions multiples :

73

« C'est à partir de son propre comportement que l'intolérance greffe celui des autres. Elle est le point de départ d'une chaîne qui aboutit à l'inacceptable. »

Une logique implacable dont un rien eut suffit à modifier le cours, ce rien qui existe de manière désordonnée n'est même parfois pas plus grand qu'un simple mot :

« De cette attitude d'un entourage peu tolérant naît une tendance paranoïaque qui aggrave cet isolement et ainsi de suite jusqu'à la catastrophe finale… »

Il ajoute sur le ton emphatique de quelqu'un qui est décidé à résoudre le problème qu'il vient d'énoncer, en une sorte de morale solennelle :

« Il suffit de briser cette chaîne pour que l'espoir renaisse. »

Que de drames pourraient être évités si il se trouvait quelqu'un de l'extérieur, et à priori neutre et objectif intervenait dès le début pour désamorcer le conflit sous-jacent et amener les belligérants à un peu plus de compréhension. Zoya a poliment écouté cette logique tirade mais la sage histoire ne semble pas l'avoir passionnée outre mesure. Elle interroge cependant mais d'une voix terne qui trahi plus une ironie agacée qu'un réel intérêt :

« Et tu crois arriver à briser cette fameuse chaîne ? »

Kochka est au-moins ravi d'avoir dirigé le débat sur un sujet moins glissant mais, en dépit de son art inimitable de parler pour ne rien dire, il est un peu à court d'arguments sur la technique à employer pour mener à bien d'aussi louables et fermes intentions :

« De toute façon, il est encore trop tôt et je n'ai pas encore assez d'éléments pour arrêter une stratégie définitive. Il faut que j'en sache plus sur le problème qui l'a poussée à venir me voir. Mais ça peut être la solution. »

Zoya, qu'il a connue si réservée mais qui est devenue combative, sentant venir le danger avec cette femme qu'elle n'a pourtant pas vue mais qu'elle imagine avec les atouts de Marilyne, ne peut retenir une réaction quelque peu ironique :

« Si tu lui avais demandé au lieu de jouer les jolis cœurs, tu saurais au-moins ce que tu dois chercher au lieu de te lancer au hasard dans une aventure qui ne résoudra pas le problème et qui risque même d'en engendrer d'autres. »

Kochka hausse les épaules. Le problème, il ne sait pas où il est, donc, il ne se pose pas de manière concrète pour l'instant et il sera toujours temps de réfléchir à cette question quand elle lui sera posée. Ce sera sans doute un sujet de droit du travail du travail assez classique et dont la solution ne résoudra rien sur le fond, et pour ça, il y aura André, dont c'est la spécialité :

« Si les choses étaient si simples, elle m'aurait posée la question d'entrée en arrivant, je dois la laisser venir, me dire d'elle-même ce qui la préoccupe, pas la harceler. Elle est venue pour ça et elle m'en parlera. »

Les cas de harcèlement moral ou la discrimination masquent souvent autre chose de plus profond, de plus complexe et ambigu. Au risque de choquer les idéalistes, les victimes de ces agissements particulièrement traumatisants y jouent un rôle actif inconscient mais de premier ordre. Les aider consiste alors aussi à débusquer cette part opérationnelle qu'elles jouent dans leurs tourments et faire sauter les verrous qui les empêchent de se défendre contre leurs bourreaux. Kochka résume l'entretien d'une simple phrase :

« C'est elle qui a mené l'entretien, elle l'a orienté librement, je n'ai qu'à suivre et elle me donnera bien les autres éléments par la suite si elle veut que j'arrange son affaire. »

Zoya objecte :

« Si elle revient… »

Puis elle ajoute aussitôt, acerbe :

« Mais elle aura peut-être une autre raison pour revenir. »

VI

« Tu devrais remettre de l'ordre dans tes papiers, ça ne fait pas sérieux. »

Le pire quand on s'ennuie c'est qu'il faut toujours qu'on vous demande de faire quelque chose. Et puis, à quoi ça sert de ranger puisque l'instant d'après, en cherchant un document, il chamboulera tout et tout sera à nouveau en désordre. Kochka émet un vague grognement qui peut passer pour être un acquiescement avant de se replonger dans des méditations décousues, mais Zoya n'est pas décidée à lâcher prise :

« Tu devrais acheter un meuble pour ranger tes dossiers. »

Au-moins, depuis, hier, le mot dossier peut se mettre au pluriel. Ce n'est pas pour ça qu'il soit débordé. La première affaire est en attente et il attend d'avoir des nouvelles de la deuxième. Il a bien reçu un salarié venant lui demander conseil pour la signature de son contrat de travail mais ce n'est pas son domaine de compétence et il l'a envoyé consulter le cher André, le délégué syndical de l'U.R.I.N.E. qui pourra le guider utilement. Chacun son domaine, ça évite de dire des bêtises et d'en faire faire aux autres. Ça lui a rappelé soudain qu'André avait cherché à le voir :

« Je vais au syndicat, je serai de retour dans une heure. »

Tout homme trempé dans un ménage devient immédiatement un roi de l'esquive. Il a déjà sa veste sur le dos et se dirige prestement vers la porte quand Zoya lui décroche une dernière flèche vengeresse :

« D'accord, et pendant ce temps, je vais de ce pas m'occuper du mobilier. Il faut que ton bureau ait une apparence un peu plus sérieuse. »

Décidément, elle y tient. Mais, au nom des apparences, que ne ferait-on pas ? Kochka est déjà parti et marche, le nez au vent sous le soleil et l'esprit printanier :

« Délicieuse Anna, aussi ronde que Zoya est anguleuse, aussi douce qu'elle est sévère, avec ce petit fond d'accent charmant qui le fait fondre. »

Il manque heurter un austère passant qui s'en va, sérieux, à ses affaire, et évite de justesse un pylône de béton placé sur son passage par quelque esprit pervers, dans le seul but honteux de blesser les rêveurs :

« Elle est si fragile, si vulnérable, petit oiseau meurtri à peine sortie du nid et que de noirs faucons s'appètent à dévorer. »

Kochka, cheminant, ne cesse de penser à sa visiteuse de la veille dont il ne peut effacer le sourire de sa mémoire. Il se sent l'âme adolescente et ne doute de rien :

« Je vais te sortir de là, Anna, aie confiance, je vais te sortir de là. »

Notre chevalier blanc ne doute de rien en ce moment, ni de sa réussite comme détective, ni de son succès de séducteur. Il est léger comme un homme à qui le monde appartient et les yeux bleus de la belle se fondent dans l'horizon pastel, étoiles d'azur qui luisent à chaque heure sous leur arc d'or et de triomphe... Bon, ça suffit, on se calme, c'est un livre sérieux, voir polémique, Victor, Paul-Émile Victor. Celle-là, je ne la rate jamais, c'est plus fort que moi... Donc, je disais quand j'ai été interrompu par mes bêtises :

« Bonjour Kochka, tu veux un café ? »

André l'accueille à son entrée dans le petit local de la permanence syndicale où on vous sert le café à toute heure de la journée dans les éternels et incontournables verres récupérés de-ci de-là, ; cahin-caha, dans les cantines scolaires ou d'entreprise :

« Je ne me souviens plus, tu prends du sucre ? »

Nos invités et amis devraient être classés en deux catégories distinctes, ceux qui mettent du sucre dans le café et ceux, les purs, les gastronomes, qui le boivent nature. Il y a aussi ceux qui y mettent du sel. Mais c'est en général après un arrosage par trop abondant qu'une telle et rude épreuve s'avère nécessaire :

« Ça marche, ton affaire ? »

Si on veut conserver ses chances de succès, il faut toujours faire croire que tout se passe au mieux. Les gens volent naturellement au secours du succès et de la chance mais n'aideront pas une entreprise ou un être en difficulté :

« Des affaires intéressantes mais un peu délicates… »

Il ne ment pas vraiment, même si sa présentation simplifiée de la vérité laisse entendre une situation plus florissante qu'elle ne l'est. Son ton badin et enjoué est là pour accentuer cette atmosphère optimiste. André semble enchanté que tout aille bien pour Kochka qu'il estime :

« Si tu as besoin de renseignements, tu peux compter sur moi. »

Il lui a parlé avec amitié, puis il enchaîne, plus protecteur :

« Il faut être très prudent dans ce genre d'affaires, n'hésite pas à demander de l'aide si tu as des doutes. Ce sont des affaires très délicates et on n'a pas droit à l'erreur. »

Les lois sont complexes, leur langage est obscur, les jurisprudences nombreuses et ceux qui vous font face savent bien les manier. Une virgule mal placée peut faire basculer une vie dans ce combat inégal qu'il faut gagner à tous prix pour aider des salariés en danger mais dont le comportement n'est pas toujours cohérent :

« On se donne beaucoup de mal mais il ne faut pas espérer de remerciements, bien au contraire, bien souvent, ceux qu'on à aidé se retournent contre nous. »

Il y a une fatalité résignée dans ses propos mais pas d'aigreur. Ceux qui se battent pour les autres savent qu'ils ne seront pas payés en retour. Pourquoi le font-ils ? La réponse n'est sans doute pas si homogène et limpide que les clichés simplistes de générosité gratuite ou de fanatisme militant dont on les gratifie :

« J'enrage parfois de constater que ceux que je défends font tout pour rendre leur cause encore moins défendable. »

C'est certainement une des grandes difficultés à laquelle ils se trouvent confrontés quand ceux-ci font obstinément ce qui aggrave leur situation. Un comportement autodestructeur perturbant mais assez habituel dont il faut tenir compte :

« Je ne leur en veux pas, ils obéissent à la panique en courant dans tous les sens comme des gens pris dans un incendie se jettent dans l'escalier en flamme. »

Kochka écoute avec patience mais il est un peu déconcerté par un discours dont l'objet lui échappe un peu. Il sait tout ça, il se prépare à ces déconvenues, à d'âpres négociations avec la victime pour l'empêcher de trop prêter main forte à ses bourreaux :

« C'est comme s'il existait une variante du syndrome de Stockholm au sein des entreprises où les employés jouent le rôle d'otages d'un système moralement destructeur. »

L'idée est hardie. Pourtant, cette alchimie existe d'une certaine manière dans ces lieux dont chacun est le geôlier et le prisonnier à la fois mais où il y en a qui sont plus geôliers que les autres… Kochka décide d'interrompre la logorrhée de philosophie syndicale pour qu'enfin son cher militant aborde le sujet qui motive sa visite :

« Tu es venu me voir, hier midi ? »

Ça lui a causé assez de souci avec sa chère et tendre pour qu'il ait droit de connaître la cause d'une visite aussi impromptue qu'importune. André acquiesce d'un signe de la tête, et se lève pour aller passer les verres sous l'eau. Kochka insiste :

« Tu avais quelque chose à me dire ? »

Il y a des cas où on en finirait presque à regretter l'abolition de la torture. Le délégué semble ne même pas avoir entendu la question et s'attarde au lavage des verres comme si de rien n'était :

« Si ça continue, je vais lui envoyer mon ex-femme, elle avait ce talent typiquement féminin et redoutablement efficace qui consistait à me harceler jusqu'à ce que je craque et finisse par avouer n'importe quoi. »

Je ne comprends pas pourquoi on ne met pas plus de femmes dans la police, n'importe quelle épouse suspicieuse est capable en peu de temps d'obtenir de son mari rondouillard et chauve qu'il a eu une aventure adultère avec l'ensemble des beautés juvéniles qui présentent les modèles des hautes maisons de couture. Enfin, tandis qu'il essuie les verres avec le torchon à main à la propreté douteuse, André consent à répondre d'un ton badin :

« Oui, en effet, je suis passé te voir, mais tu n'étais pas là. »

Formidable information, Kochka ne regrette pas d'être venu. Pour un peu, il lui aurait expliqué, avec à l'appui quelques complexes et savantes déductions que, s'il n'était pas là, c'est qu'à coup sûr, il était certainement ailleurs :

« Élémentaire, mon cher Kochka. »

En réalité, cette célèbre phrase n'était pas tout à fait ainsi. Lors d'un repas, le célèbre et mythique détective anglais que nous connaissons tous, s'était rendu compte, avec son agilité d'esprit légendaire, qu'il manquait sur le plateau ce fameux fromage de vache à pâte molle, mais non, pas de vaches à pattes molles. Le fameux détective avait, je disais donc, constaté qu'il manquait ce délectable produit laitier fabriqué depuis des siècles dans notre belle région des Vosges. Il s'était alors écrié :

« Et le munster, docteur Watson ? »

Cette phrase risquant fort de ne pas produire le meilleur effet sur le lectorat habituel des aventures policières et trépidantes du plus subtil des limiers britanniques, un biographe tardif avisé, imaginatif mais non autorisé, avait donc décidé de transformer cette sentence triviale en cette remarque qui est devenue avec le temps, la formule fétiche qui lui est attribuée depuis ce temps et que nous tenons tous pour vraie. Mais, revenons à nos moutons :

« En effet, je m'étais absenté pour une affaire délicate que je suis actuellement. »

Une pensée effleure soudain l'esprit perturbé de Kochka. Car Zoya lui avait alors dit, sur un ton agressif :

« Je lui ai dit que tu étais au restaurant avec ta chère cliente blonde. »

Pourtant, André n'a pas mentionné un tel lieu et n'a pas l'air du tout de savoir où il se trouvait. Kochka décide de tenter une petite vérification. Un bon enquêteur doit, en tous temps et toutes circonstances, s'assurer de la véracité de ses hypothèses. Il prend l'air étonné comme si c'était là une incroyable histoire :

« Elle ne t'a pas dit où j'étais ? »

André hausse les épaules avec une moue d'ignorance :

« Non, elle n'avait pas l'air de le savoir. »

Pourtant, Zoya savait… où elle l'a appris par la suite on ne sait comment ? La veille, lors de cette soirée de débat avec sa querelleuse compagne, trop préoccupé par ses difficultueuses recherches médicales, Il n'avait pas percuté sur cet étrange aspect du problème :

« Je ne lui ai pas dit que j'allais au restaurant et elle était partie faire des courses… »

C'est vrai ça. Elle était partie faire des courses avant l'arrivée de sa cliente. Kochka en prend soudain conscience :

« Mais alors. Comme savait-elle que c'était une femme blonde ? »

Son esprit est troublé. À coup sûr, sa chère soupçonneuse doit le suivre discrètement et épier ses faits et gestes. Cette idée fait naître chez notre ami une sourde colère, ou plutôt, une muette colère car il ne dit pas mot mais son visage se renfrogne, sa bouche se crispe, ses yeux froncent et son menton plisse… André se méprend sur le motif d'une transformation faciale que, n'étant pas médium, il ne peut s'expliquer autrement :

« Ton affaire a l'air de te donner des soucis. »

L'appellation « affaire » n'est pas bien galante, mais c'est effectivement Zoya qui cause son souci. Cette situation conflictuelle et surtout l'idée de cette filature ne sont pas là pour le mettre dans les meilleures dispositions :

« En effet. »

Il est cependant hors de question de confier ce genre de problème à qui que ce soit, sa crédibilité en prendrait un sacré coup. L'histoire du détective filé comme de l'arroseur arrosé, ça ne fait pas sérieux. Il prend l'air mystérieux d'un agent secret en opération :

« Je ne peux rien te dire, tu comprendras que je suis tenu au secret professionnel. »

On ne plaisante pas avec ça, André prend un air entendu, ainsi qu'on le fait quand on a bien entendu ce qu'on n'a pas entendu. Mais le sous-entendu est clair, d'autant plus que lui, bien que n'ayant pas prononcé le serment d'hypocrite, ou Hippocrate, je ne sais plus, est tenu à la plus grande discrétion sur ce qui lui est dit et ce dont il s'occupe :

« Je comprends. Moi-même, je ne peux parler de rien. »

Ce sont donc deux hommes qui n'ont rien droit de dire qui discutent actuellement. C'est d'ailleurs parce que cette interdiction leur pèse tant qu'ils crient si fort lorsqu'ils font, certains jours, de bruyantes randonnées urbaines en tête des masses populaires et le micro en main, qui leur permettent de s'exprimer devant le cordon bleu de leurs auditeurs, derrière leurs boucliers :

« Mais n'hésite pas à nous consulter si tu as quelques doutes… »

Il avait déjà dit quelque chose de ce genre, décidément, on tourne en rond. Il serait temps qu'André se décide à lui expliquer le motif de sa visite. À force de tourner plein pot autour du pot en attendant, qu'avec un peu de pot, il risque que le pote finisse par découvrir le pot aux roses. Même en le distrayant avec un pot-pourri de banalités ou en lui payant un pot au dépôt avant son pot d'adieu, si on est généreux, on risque de payer les pots cassés. Kochka préférerait presque être sourd plutôt que d'écouter ses discours :

« Le syndicat, c'est la lutte du pot de fer contre le pot de terre. Il ne faut pas compter sur un coup de pot pour que ça marche... »

André devrait se manier le pot, ça ne durera pas aussi longtemps que les impôts, il doit rentrer à son bureau, dépôt des misères du monde. En tous cas, sachant que c'est dans les vieux pots qu'on fait la meilleur soupe. L'expérience est la garantie d'un conseil toujours avisé. Il n'hésitera pas, en cas de besoin. Mais, en attendant, il pourrait commencer par lui dire pourquoi il est venu le voir hier midi. C'est agaçant à la fin cette manie de le faire mariner comme des anchois dans un pot. Il serait temps qu'André se décide à éclairer sa lanterne :

« D'habitude, c'est plutôt à la lanterne d'éclairer les gens, mais, dans ce cas, allez savoir pourquoi c'est le contraire... »

87

De toute façon, que ce soit dans un sens ou dans l'autre, le bon délégué n'a pas l'air décidé à donner l'explication voulue dans un délai plus ou moins bref. Il s'est levé et se dirige vers une énorme photocopieuse :

« Tu m'excuseras, mais j'ai encore tous les tracts à sortir pour appeler à la manifestation de samedi. »

Peut-être que sur l'un des tracts, il y aura une explication quelconque sur cette visite ou est-ce justement au sujet de la manifestation qu'il est venu le voir. Kochka décide d'orienter la conversation sur ce sujet :

« Vous organisez une manifestation samedi ? » André, qui est en train de remplir avec des liasses de feuilles de papier le ventre énorme de la machine, s'interrompt un instant :

« Tu n'étais pas au courant ? Tout le monde ne parle que de ça… »

En tous cas, personne n'en a parlé devant lui, ou alors, c'est qu'il n'en a pas parlé fort ou que Kochka n'écoutais pas à ce moment. André poursuit :

« L'ensemble des syndicats réunis a décidé d'organiser une grande manifestation pour protester contre la délocalisation des entreprises Noskof. »

C'est vrai, il en avait entendu parler, mais ce n'était pas son souci du moment :

« C'est un scandale, et ni la direction, ni les élus, ne veulent nous recevoir. »

Ils n'ont certainement pas envie d'avoir à expliquer qu'il est plus rentable pour eux de faire produire par des ouvriers qu'on paie trois fois rien en les faisant travailler deux fois plus, par des prisonniers qu'on ne paie pas ou même parfois par des enfants. Kochka se souvient vaguement avoir entendu parler de cette histoire mais, c'était un moment où il avait de gros soucis avec sa machine à laver qui ne vidangeait pas, alors, il n'y avait pas trop prêté attention :

« Noskof, c'est la fabrique de chaussette ? »

En effet, c'est la fabrique de chaussette qui fait vivre une grande partie de la ville et qui doit fermer prochainement pour s'établir dans un paradis de la misère et de la faim en privant brusquement des centaines d'ouvriers de leur emploi, mettant leurs familles dans une situation catastrophique et ruinant les petits commerces privés de ces consommateurs actifs. Il y a des fois où il faudrait tourner plus d'une centaine de fois sa langue dans sa bouche, ou dans celle de qui on veut, avant de dire pareilles inepties. Heureusement, le bruit fort opportun de la photocopieuse qui attaque vaillamment l'imposant lot de tract, a couvert cet aveu d'égoïsme étourdiment lâché lui laissant le temps de redresser la situation :

« Tant que les consommateurs ne se mettront pas d'accord pour boycotter unanimement les produits fabriqués par des ouvriers en situation précaire... »

Un nouveau débat est lancé mais s'interrompt avec l'entrée d'un homme d'âge mûr. Il semble très mal à l'aise, intimidé, soucieux. André le salue avec une amitié très protectrice et le dirige rapidement vers son bureau avant de se tourner vers Kochka :

« Excuse-moi, j'ai un entretien... »

Il n'en dit pas plus, mais Kochka comprend ce qui n'est pas dit et qu'il est temps pour lui de se retirer. Il hasarde cependant avant de s'en aller :

« Pas de soucis, bonne journée, mais, juste une question avant de m'en aller. Tu avais quelque chose à me dire hier midi ? »

André hausse les épaules, secouant négativement de la tête :

« Non, rien de particulier, je passais par là et j'ai voulu te dire un petit bonjour... »

VII

« Juste un petit bonjour… »

Kochka se sent d'humeur quelque peu chagrine. Il s'agissait d'une simple visite de politesse, et il comprend maintenant pourquoi André, plus direct, d'habitude, ne lui a rien dit sur le motif de sa visite et avait même l'air de penser que c'était lui qui était venu le consulter sur un problème de législation du travail :

« Je comprends pourquoi il insistait aussi lourdement en me proposant son aide… J'ai dû avoir l'air ridicule… »

Une permanence syndicale est un lieu convivial et il est probable qu'André ne s'est pas posé de question particulière, pensant simplement que son visiteur est passé se faire payer un café, selon l'expression consacrée :

« Il va penser que je suis indécis. Ou alors que je me méfie de lui… »

On fantasme beaucoup sur ce que les autres pourraient bien penser de nous, et on serait bien surpris de pouvoir lire dans les pensées de ceux qu'on fréquente quotidiennement, qu'on croit bien disposés à votre égard alors qu'ils médisent allègrement de vous dès que vos oreilles sont hors de portée de leurs bouches ou ceux dont on ne soupçonne pas la réelle estime :

« Combien de fois on m'a traité de bel imbécile alors que celui qui me disait ça ne me trouvait même pas beau ? »

Il est vrai que c'est lorsque je dis les plus grosses bêtises qu'on me rétorque alors d'un air navré, presque désespéré :

« Ah ça, c'est intelligent ! »

Mais, je sens bien que je vous ennuie avec mes interminables et stériles tergiversations et que vous voudriez bien que je reprenne le cours de mon récit. Il est vrai, que, si je veux parler de moi, je n'ai qu'à écrire mes mémoires, et ce qui vous intéresse en ce moment, c'est l'enquête de Kochka et ce qui va arriver à Anna. Notre homme, en proie à diverses pensées s'approche au pas lent du bagnard qui ne diffère de celui du flâneur que par l'état d'esprit du marcheur et celui-ci est radicalement différent de ce qu'il était à peine deux heures plus tôt. La conclusion est pourtant limpide :

« Ainsi, Zoya me surveille… »

Il n'a pas digéré sa découverte. Ce qui veut dire qu'elle se doute de quelque chose et qu'il va falloir faire un choix. Rompre ou redoubler de prudence. Kochka est fortement irrité :

« Si on perd tout notre temps à nous espionner l'un et l'autre, nous n'en aurons plus assez pour nous occuper des gens qui ont besoin de notre aide. »

Les blessures d'amour propre, je ne sais pas ce qu'il en est des blessures d'amour sale, sont longues à se refermer et aucun onguent n'existe, autre que le temps, pour les cicatriser. Elles s'enfouissent au plus profond de l'âme humaine, là où personne ne peut les débusquer, et y restent éternellement, blotties et menaçantes à attendre la moindre occasion pour saigner à nouveau. Il repense soudain à son divorce :

« Je n'avais jamais trompé ma femme, mais on lui avait raconté les pires choses à mon sujet, et elle avait fini par les croire. »

La calomnie a une force indestructible que n'aurait aucune vérité absolue et prouvée. Sa lente évolution au gré des médisances la rend invulnérable, inaccessible à tout ce qui pourrait démontrer son absurdité et prouver qu'elle ne repose sur rien. Même le droit de se défendre et de savoir de quoi il est accusé est renié à celui qu'on soupçonne sans raison. Il n'y a que les vrais coupables qui ont le droit à un avocat :

« La rumeur avait fait de moi un monstre tandis que je me croyais encore aimé. »

Cette accusation sournoise dont Kochka n'avait été informé que bien plus tard et de manière détournée, cette élucubration absurde qui avait été prononcée contre lui à son insu, il ne l'avait apprise que bien plus tard et n'avait eu aucun recours, aucune possibilité de se justifier :

« Le couperet était tombé avant même que soit tenu le procès. »

Plus que tout, cette condamnation sans appel avait causé le mal sournois qui le brûlait encore bien des années après. Le couple est un espace de non droit qui ferait pâlir d'envie les dictatures accomplies. Il se rapproche de chez lui, plus que jamais maussade et toujours plus renfrogné. La colère du présent est renforcée par celles d'hier comme un bouillonnement rageur des flots que chaque vague amplifie. Il tangue comme un bateau ivre ballotté par cette houle d'un passé en folie et se rapproche lentement de son logis et bureau sans même avoir vu passer le temps :

« Ah, mais c'est… »

Ce cri de surprise tranche assez nettement sur son humeur précédente pour qu'on puisse en déduire, avec un minimum d'esprit d'observation et de déduction, qu'il est plutôt heureux d'apercevoir cette personne dont la présence doit être quelque peu inattendue :

« Bonjour Kochka, comment allez-vous ? »

L'inconnue et, vous devinerez à l'utilisation que je fais du féminin, qu'il s'agit d'une femme. À moins d'une faute de frappe qui aurait échappé à la correction. L'inconnue semble aussi ravie mais pas du tout étonnée, tant qu'on pourrait penser qu'en venant chez lui elle s'attendait à le rencontrer. Kochka a retrouvé le sourire :

« Ça va et vous? »

La réponse n'est pas des plus originales, mais il parait que c'est celle qui convient et on la fait sans songer qu'à l'origine, on s'inquiétait plutôt de savoir si la personne rencontrée ne rencontrait pas de difficultés particulières pour éliminer certaines matières superflues en des lieux discrets de lecture solitaire… En bref, chacun des protagonistes ayant assuré l'autre de son bon fonctionnement intestinal, Kochka lui montre, avec une galante courbette, le portail d'entrée de son petit royaume :

« Entrez, je vous prie. »

Ils entrent donc dans le bureau du fameux détective… enfin, connu, si fameux est un peu exagéré. Connu au-moins de moi et de vous, maintenant et dans le lamentable état que l'on sait en dépit des efforts désespérés de Zoya pour y mettre un peu d'ordre :

« Vous m'attendiez depuis longtemps ? »

Pour être efficace, la question ne perdrait rien à être un tout petit peu plus directe mais c'est ainsi. Il faut toujours feinter, éluder, finasser… On ne va jamais droit au but et il nous faut toujours user d'interminables formules de politesse alors que chacun est là pour un but bien précis et que l'autre le sait. Elle répond avec un ravissant sourire à faire fondre toute la calotte glacière de l'étendue antarctique :

« Non, je venais juste d'arriver. »

Kochka ne sait quoi dire et elle n'ose pas aborder le sujet qui la préoccupe :

« Asseyez-vous je vous prie. »

Décidément, il prie beaucoup pour un athée, un À thé à la bergamote, bien sûr. Mais, ça peut durer longtemps si l'un des deux ne prend pas l'initiative d'y mettre fin. C'est tout juste si elle ne lui fait pas une révérence quand il lui présente la chaise pour qu'elle s'assoie :

« Je vous remercie, monsieur Kochka, de bien vouloir me recevoir. »

À ce train-là, on arrivera au soir sans que rien n'ait avancé vraiment. Si Zoya avait été présente, elle aurait mis les pieds dans le plat depuis longtemps avec sa coutumière rudesse, mais Kochka est décidément incapable de quitter le théâtre des mondanités :

« Tout le plaisir est pour moi. »

Il y a un temps de silence, presque de gêne. Enfin, Anna… Je ne vous, l'avais pas dit, l'inconnue, c'est Anna qui est venu le voir. Anna fouille dans son sac et en tire une enveloppe marron qu'elle lui tend sans un mot. Kochka regarde un certificat médical qui préconise un aménagement horaire en mi-temps thérapeutique avec des pauses repas :

« Tout ça me parait normal. C'est une question de santé qu'on ne peut pas discuter. »

96

Anna soupire longuement. Visiblement, tout le monde ne partage pas ce point de vue et les choses ne se déroulent jamais comme elles devraient se passer naturellement dans un groupe humain civilisé. La meute lâche l'animal blessé pour survivre, ou l'homme malade par simple jalousie. Le rideau s'ouvre sur le premier acte de la ségrégation :

« C'est de là que tout est parti, mes collègues n'ont pas apprécié que je profite d'avantages auxquels elles n'ont pas droit. »

Elle aurait dû répliquer :

« Prenez mes petits avantages, je vous cède mon handicap est en échange. »

Le point de départ de ces affaires est toujours sordide et révélateur des travers de l'âme humaine. On est prêt à beaucoup sacrifier de ce qu'on a, juste pour que les autres ne profitent pas, et les politiciens qui sont passés maîtres dans l'exploitation de cette tare commune de notre espèce, font le plein de voies sans avoir à se creuser les méninges pour avoir quelque chose de positif à proposer :

« On a commencé à parler derrière mon dos... »

C'est ce qu'on fait avec plaisir, quand les arrondis de la belle sont harmonieux. mais les propos dans ce cas là sont quelque peu différents. Kochka, se livre en l'écoutant à un rapide mais attentif survol des documents proposés :

« Je vois là une réponse de votre employeur qui accepte les conditions de votre reprise à temps partiel dans le cadre proposé par le thérapeute. »

Par reflex plus que par nécessité, Anna allonge son nez délicat, offrant en même temps une vue touristique de son décolleté subtile et un paysage délicieusement vallonné qu'il doit être bien agréable de contempler au réveil, puis commente d'une voix fluette :

« Oui, dans un premier temps, il avait accepté, mais ensuite… »

Elle lui prend des mains les feuilles éparses, les passe en revue puis lui en présente une avec insistance d'un juge présentant une formelle preuve et lui criant presque dessus comme s'il refusait d'admettre une criante évidence :

« Mais, regardez après ce qu'il m'a envoyé, à peine un mois plus tard. »

On ne se fâche pas, on respire, tout va bien se passer. C'est la première fois, depuis hier, qu'elle hausse sa voix unie, généralement calme, douce et agréable. C'est la première fois que ce débit lent de la mélodie ronde et exotique de son chant s'accélère subitement. Kochka est surpris et sursaute. Il regarde Anna, visiblement stressée, et tente de la rassurer :

« Ne vous inquiétez pas, je vous promets de regarder toutes les pièces avec la plus grande attention. »

C'est essentiel, en effet, le moindre détail peut changer le cours des choses. Il vient de constater, d'ailleurs, quelque chose qui lui parait de la plus grande importance et veut lui faire part de sa découverte mais l'hypophyse patine, l'adrénaline et les corticostéroïdes affluent en désordre. Anna intervient avec force et lui coupe la parole :

« Quand mes glycémies sont trop basses, il faut que je mange… »

Sa vie entière est prisonnière désormais de sa maladie. Il n'y a plus de joies et de peines mais des glycémies hautes et des glycémies basses. Tout est réduit à ces mesures régulières et contraignantes qu'elle doit faire à toutes heures du jour et qui la désignent comme n'étant plus comme les autres. Son isolement progressif se construisait progressivement sur des bases que personne n'avait songé à prévenir, au-delà de ces recommandations protocolaires insuffisantes qui ont été édictées dans la chambre agitée de l'hôpital, entre deux contrôles infirmiers, quand elle était encore assommée par tout ce qui, soudain s'abattait sur une vie qui, hier encore, était si paisible, si normale :

« Mes enfants ne comprennent pas quand je ne me sens pas bien. »

La souffrance n'a de réalité que lorsqu'on na la vit pas soi-même. Elle dérange en concentrant l'attention sur un autre que soi-même :

99

« Hier encore, mon fils m'a envoyé promener lorsque je lui ai demandé de m'apporter du sucre. Parce qu'il était au téléphone avec un copain. »

Plus de culpabilité que d'indifférence. Plus d'ignorance que d'égoïsme. L'entourage ne sait pas, n'a pas été éduqué pour réagir à de tels événements qui viennent déranger ses activités essentielles. Kochka a le plus grand mal à ramener Anna sur le terrain d'une existence sociale et professionnelle brisée et qu'il va falloir reconstruire pièce par pièce et prend conscience que la plus rude bataille qu'il aura à mener sera contre celle qu'il veut aider. Il tente une intervention autoritaire sur l'air de la grande plaidoirie :

« Cette seconde lettre est la preuve même... »

Encore une fois, il ne peut terminer sa phrase :

« Oui, je sais. De toute façon, la responsable du personnel m'a toujours eue dans le nez. Je suis sûre que c'est elle qui lui a monté la tête. »

Trop de souffrances, d'humiliations accumulées refont surface, elles jaillissent comme la lave s'échappant par le cratère ouvert d'une oreille attentive. Pourtant, l'employeur, celui qui lui a parlé gentiment, celui qui lui a assurée qu'il l'a comprenait avec un sourire paternel et qui jouit d'une notoriété locale... L'employeur a cédé à la pression et à la nécessité première de maintenir la paix dans son entreprise :

« C'est pourtant bien le roi qui désigne les ministres. »

Le détenteur de l'autorité prend la place honorifique du père, du petit père des peuples ou du père spirituel à l'église qui n'a pas plus haute hiérarchie que le Saint père. Le père est un repaire et celui qui détient le pouvoir est doté d'une autorité naturelle, presque charnelle qui le place au-dessus de tous. On n'aime pas imaginer qu'un père puisse être indélicat, qu'il puisse ne pas être parfait, qu'il puisse être un salaud, ou alors, il faut y avoir été habitué à la naissance. Le roi, le politique ou le patron qui réussit à obtenir cette distinction suprême est à l'abri de tous soupçons, quoi qu'il fasse :

« Monsieur Jaba m'aime bien et reconnaît ma grande conscience professionnelle, mais cette garce de madame Grudi ne cesse pas de me casser du sucre sur le dos... »

Ce qui, dans le cas d'une diabétique, est extrêmement dangereux. Il ne faut pas jouer avec ça. Madame Grudi était tout sucre, tout miel, bien qu'elle sucre déjà les fraises, quand elle faisait sa sucrée auprès de son patron pour faire sucrer le poste d'Anna et qu'elle n'hésitait pas à aligner des phrases mielleuses sans vergogne pour se sucrer au passage :

« Il y a une phrase essentielle sur cette deuxième lettre... »

Quand il y a dialogue de sourd, le mieux est de rester muet si on veut être entendu. Mais en général, en caporal aussi, d'ailleurs, les gens ne sentent pas que rien ne touche celui qui ne les voit même pas, et les deux monologues se croisent bruyamment sans résultat dans une lutte rhétorique digne de ces grandes et spectaculaires batailles des films de cap et d'épée où les lames se choquent les unes contre les autres sans qu'un protagoniste ait une chance de toucher l'autre :

« Je voyais bien qu'elle parlait dans mon dos en me faisant de grands sourires en face. »

Médisante et contorsionniste, ce n'est pas incompatible, bien au contraire. Kochka sent bien que toute lutte est vaine, il faut attendre que la tempête se calme et laisser s'exprimer le trop plein d'agressivité opprimée sans tenter quoi que ce soit en attendant l'instant propice et que le calme soit revenu pour lui faire part de cet important élément qui pourrait changer tout et lui permettre de prendre sa revanche :

« J'ai toujours fait mon travail et ce n'est pas ma faute si je suis tombée malade. »

La société de production pardonne difficilement ce crime de lèse production et l'homme tarde à comprendre que l'industrie est à son service et non le contraire :

« J'ai juste besoin de pouvoir manger une pomme si je ne vais pas bien. »

102

On tourne en rond autour de cet unique, presque anecdotique besoin qui ne causerait de tort à personne mais qu'on refuse au nom d'un égalitarisme primaire qui ne se soucie pas des différences. Jamais les humains n'ont été égaux devant la nature. Comment le seraient-ils devant les institutions ? L'égalité est pure illusion et, en dépit de grandes déclarations nous n'essayons même pas de nous en rapprocher :

« Même devant la maladie. Pauvres et riches ne sont soignés de la même manière. »

Soudain, elle se tait, elle est pâle, les yeux dans le vague, elle tremble légèrement et sa respiration s'est accélérée :

« Ça ne va pas, madame ? »

Anna ne répond pas, elle sort sa petite mallette de survie, ce petit boîtier noir, cet objet qui doit l'accompagner désormais partout comme une épée de Damoclès portable. Elle répond d'une voie blanche :

« Excusez-moi, il faut que je prenne ma glycémie. »

Il lui faut s'excuser des besoins que la maladie crée, de ces obligations permanentes que les autres ne comprennent pas, de ces faiblesses qui dérangent, de ces cérémonies occultes dont le zélé officiant ne comprend même pas le sens mais dont il doit sans cesse respecter le rituel à la lettre sous peine de mort :

« Faites, je vous en prie. »

Qu'importe la vie sociale, qu'importe la vie professionnelle. La maladie a tout pris. Elle n'a plus qu'un centre d'intérêt journalier, qu'un objet de préoccupation… On vous apprend à survivre avec la maladie, on ne vous apprend pas à vivre avec elle. Kochka plaisante :

« Je vous en prie, madame. Et je vous promets de ne faire aucun commentaire culinaire. »

Cette saillie a rendu un peu de calme et de bonne humeur et, tandis qu'elle procède à ses soins, il regarde cette lettre dont le contenu lui apparaissait tellement important l'instant auparavant et qui lui semble presque anecdotique maintenant. Une tache rouge apparaît sur le mouchoir en papier :

« Ne vous inquiétez pas, Anna, je ne vous abandonnerai pas. »

Ces quelques mots dans la réponse de son employeur qu'il tenait fébrilement à la main peuvent se révéler de la plus grande importance mais Kochka prend soudain conscience que l'essentiel de sa mission ne se situera pas sur le terrain juridique....

VIII

« Tu es encore sur cette affaire ? »

Zoya est irritée. Elle fait partie d'un autre monde, celui des bien-portant et ne peux pas comprendre l'acharnement de Kochka. Elle soupçonne douloureusement que ses motivations dépassent largement le cadre d'une enquête ordinaire et en conçoit une jalousie amère qui la rend plus agressive que jamais et précipite l'inévitable dénouement de l'histoire d'un couple qui n'a jamais vraiment commencé. Ou plutôt, qui se désagrège depuis l'hiver dernier :

« Il faut bien que je fasse mon travail. »

Un étrange rictus de colère mêlée d'ironie tord la bouche de Zoya :

« C'est se qui s'appelle se pencher très sérieusement sur le sujet. »

Kochka, indifférent, continue de marmonner dans une barbe qu'il n'a pas :

« Il y a dans ces documents toutes les preuves qu'il nous faut pour faire pression sur son patron ou l'emmener devant les tribunaux. »

Zoya n'est pas décidée à déposer les armes :

« Si tu as trouvé les preuves des irrégularités qui ont été commises, tu as fait ce que tu devais faire. C'est maintenant aux syndicats de prendre le relais. »

Même si la motivation de son raisonnement est plus stratégique que généreuse, plus vite l'affaire sera terminée et plus tôt son compagnon versatile et sa rivale sournoise n'auront plus de raisons de se voir. C'est en théorie l'issue logique d'une telle histoire. Mais il y a souvent beaucoup de distance entre ce qui se passe en réalité et ce qui devrait être en principe, dans un monde idéal où chacun jouerait son rôle en toute honnêteté et dans le respect des lois. Kochka résume la situation avec lassitude :

« Elle est complètement assommée par ce qu'elle a subi ces derniers temps et elle n'a plus la force, ni d'attaquer un patron, un notable qui symbolise encore pour elle la puissance absolue. Elle n'a plus les moyens de repartir à zéro dans une nouvelle vie. »

Zoya agacée hausse les épaules :

« Il y a des gens qui sont payés pour aider les gens à redémarrer après un coup dur, c'est à eux d'intervenir maintenant. »

On dirait que tout serait parfait, que tout le monde serait gentil et à l'affût de la détresse de l'autre pour être prêt à voler à son secours sans qu'il ait besoin d'appeler au secours et on dirait que tous les gens savent parfaitement ce qu'il faut faire et à qui il faut s'adresser quand leur univers s'est écroulé, qu'ils ont tout perdu et surtout la confiance :

« Elle gagnerait si elle attaquait et elle aurait de l'aide si elle la demandait. Mais elle ne sait rien du côté positif d'un environnement qui s'est présenté à elle de manière si hostile. »

Et il ajoute d'un air lugubre :

« C'est grave, ce qui s'est passé, très grave… »

Kochka n'a pas levé les yeux de ses papiers et a répondu d'une voix lente et solennelle qui résonne et imprègne comme un aria de basse au premier acte d'un drame lyrique. La colère de Zoya n'en est pas calmée pour autant et elle rebondit, si tant est que ce soit possible pour une femme si peu dotée d'arrondis et réplique avec une accusatrice rage. Elle change de stratégie avec une souplesse tout à fait féminine :

« Ce qui est grave, c'est d'avoir une aventure avec une personne alors qu'on est chargée de l'aider, c'est une faute impardonnable. »

Kochka se tait, un peu penaud, et prend le temps de réfléchir. Il ne sait que trop combien elle a raison. Combien l'ambiguïté de leur relation peut être préjudiciable à son enquête. Pourtant, peut-on contrôler ses sentiments ? Kochka s'entête à penser à Anna comme à une jolie femme pleine de charme et de charmes, et non une personne handicapée par l'inaptitude de notre société à accepter qu'on ne soit pas tous faits par le même moule :

« En ce temps là, tous les hommes étaient égaux. Mais, il y en avait qui étaient plus égaux que les autres... »

Zoya n'est, en tous cas, pas décidé à déposer les armes. En scène de ménage, la femme meurt mais ne se rend pas :

« Depuis que tu t'occupes de cette affaire, j'ai l'impression de ne plus exister pour toi. C'est comme si j'étais devenue transparente. »

Transparente mais pas muette, hélas. Des querelles comme celle-ci, elle lui en cherche chaque jour et sans sommation, jusqu'à ce que mort s'en suive, la mort du couple, qui ne résistera pas à cet état de conflit permanent La foudre lui tombe dessus à toute heure et tout instant, à l'heure des repas, lorsqu'il travaille à son bureau ou au moment du coucher et plus généralement lorsque, justement il a besoin d'être au calme, de se détendre et réfléchir. Qu'importe le moment pourvu qu'on ait l'ivresse :

« Tu as passé toute l'après-midi à te promener avec elle dans le jardin municipal. C'est ça que tu appelles travailler ? »

Il est certain que cette occupation bucolique avait plus de romantisme que de laborieux et ils avaient évoqué leurs vies, cheminant tendrement tous les deux entre les allées fleuries comme un couple de jeunes adolescents intimidés :

108

« Tu te serais vu, tu étais ridicule ! J'en avais honte pour toi. »

La tendresse est tout aussi ridicule que la maladie est honteuse. Il serait grand temps que notre monde évolue pour devenir autre chose qu'une infinie machine à produire à outrance au dépens de l'humain qu'elle devrait servir. Notre industrie moderne a perdu son âme en faisant tant de victimes parmi ses serviteurs au profit d'une minorité opulente et avide. À partir de ce constat, de quel droit peut-on condamner comme nuisible ceux qui ne participent pas à cette course effrénée vers un leurre du bonheur ? Et si la vérité était du côté des idéalistes et poètes plutôt que ces collectionneurs compulsifs de valeurs factices ? Kochka se retourne, piqué au vif pour répliquer :

« Tu n'as pas autre chose à faire que m'espionner ? »

En amour, la meilleure défense, c'est l'attaque. Le seul problème, mais il est de taille, c'est qu'à force d'attaquer, c'est le couple qui est vaincu au bout d'un moment. Kochka cherche toutes les occasions pour éviter les relations querelleuses avec Zoya et leur existence conjugale ressemble de plus en plus à une course poursuite. Soudain, Kochka se lève, met sa casquette et se dirige fermement vers la sortie :

« Ou vas-tu encore ? »

Il ne sait pas trop où il va mais il sait d'où il viendra quand il sera ailleurs. Il marche au hasard dans les rues sombres et silencieuses. Il s'avance lentement sous les lumières blafardes des réverbères et il pense :

« Quelle histoire compliquée. Tout se mêle et s'emmêle dans ce genre d'affaire. À la fin, le principal devient accessoire et on ne sait plus par quel bout commencer. »

Enfin, c'est assez vite dit et pas tout à fait vrai. Depuis ce premier jour où elle est entrée, toute timide et inquiète, dans son bureau. Depuis ce premier entretien qu'ils ont eu où elle lui a parlé de sa vie et de sa souffrance et, depuis cette première promenade tendrement ambiguë qu'ils ont faite ensemble dans le jardin municipal. Depuis leur premier contact et sa plaisanterie culinaire maladroite et son issue gastronomique, il s'en est passé des choses. Il s'en est passé et il ne s'est rien passé. Un repas au restaurant et un promenade dans un jardin public, rien de bien compromettant, mais une petite vague qui a provoqué un raz-de-marée :

« Il y a des gens qui entrent et sortent de votre vie comme un météore, d'autres qui pénètrent comme par mégarde dans votre univers et s'y installent de telle manière qu'on a l'impression au bout de peu de temps qu'ils en ont toujours fait partie. »

110

Petit à petit, un lien invisible, invincible et pernicieux auquel encore, ils ne parvenaient pas à donner un nom se resserrait et les entraînait dans une fatalité suave à laquelle il ne leur était plus possible d'échapper. Leurs rencontres se situaient bien plus souvent dans les jardins fleuris que dans l'austérité fonctionnelle du bureau que Zoya avait entièrement réaménagé au fil du temps. Ils se parlaient pendant des heures et oubliaient le temps :

« Peut-être, dans plusieurs décennies, nous asseyant sur ce même banc, nous repenserons avec émotion à ces heures que nous passons en ce moment. »

L'une exprime en prose et l'autre avec des vers :

« Quand les rides auront sur nos visages
Raconté l'histoire de notre amour
Nous parlerons, alors, deux vieillards sages
Du merveilleux souvenir de ces jours. »

En quelques semaines, il avait cet étrange sentiment de la connaître depuis des années, il ressentait ses émotions et ses peurs, prévoyait ses brusques colères et riait avec elle quand elle était heureuse. Parfois, il abordait le sujet essentiel de sa situation professionnelle, de ces mots sur la fameuse lettre qui, utilisée à bon escient, pourraient changer le cours de son destin, mais il sentait bien alors qu'il n'était pas vraiment écouté :

111

« Zoya n'a pas tort, si je me laisse entraîner par mes sentiments, je perdrais toute distance face aux événements et je serais incapable de l'aider. »

Sa compagne officielle, celle qui était venue l'enlever à sa quiète solitude, avec qui ils avaient créé ce projet... Il pense à elle avec un mélange confus de colère et tendresse. Il n'y avait jamais vraiment eu entre eux d'échanges tendres mais une complicité intellectuelle qui lui avait fait passer de bien agréables moments. Zoya est la femme sage qui, après ses journées de bureau, l'aide à construire son agence :

« On s'entend bien, je n'ai pas envie de lui faire de peine... »

Kochka, tourmenté, est assis sur l'herbe du petit talus qui borde la rivière. La tête entre les mains et frottant ses yeux fatigués, il essaie de remettre de l'ordre dans ses idées. Chaque jour, l'une croise l'autre, celle avec qui il vit succède à sa rivale dans un jeu cruel aux règles imprécises. Terrible jeu de dame dont l'enjeu est la victime. Mais, quelle folie possessive pousse les gens à vouloir s'emparer en totalité de ceux qu'ils aiment ? Ce désir d'exclusivité est une des plus dangereuses dérives du couple, l'histoire entière de la littérature est peuplée par les drames qu'il engendre mais il est ancré dans notre culture comme un pou dans une tête :

« Elle est vraiment idiote cette métaphore. Si vous avez déjà vu un pou jeter l'ancre dans vos cheveux, même quand il y a de la tempête dans votre crâne, faîtes-moi signe. »

En plus, ça doit faire mal s'il vous fiche brutalement ce bout de ferraille sur le caillou, surtout pour les chauves qui n'ont pas un poil pour amortir. Chauve qui peut ! Les femmes et les enfants d'abord, surtout quand il y a du danger. Il est toujours plus prudent de passer les derniers dans ce cas. Je sens que si jamais je devais traverser un champ de mines, je serais l'homme le plus galant du monde :

« Après vous, chère madame. »

Une occasion d'admirer les charmes explosifs de la dame. C'est certainement dans ce but que la galanterie a été inventée avant qu'on découvre de plus nobles motifs. Il faut dire que le baisemain fait approcher le regard d'un bien harmonieux endroits. Anna est d'ailleurs délicieusement pourvue dans ce domaine typiquement féminin, ce qui participe à pimenter agréablement mais dangereusement des entretiens dont le caractère s'éloigne rapidement de son cadre juridique et professionnel d'origine et qui fait le désespoir et la colère de Zoya qui est largement plus menue de ce côté-là, comme de l'autre, d'ailleurs, et cet état d'infériorité charnue est ce qui cause toute sa jalousie et sa colère :

« Tu te souviens, Kochka, de la première fois que nous-nous sommes embrassés ? »

Quand une femme vous pose de telles questions, la situation est sérieuse. Elle est même assez grave, en l'occurrence, pour le héros polygame, pris entre deux feux dans cette bataille dont il est le déclencheur, l'enjeu, l'arbitre et la victime à la fois :

« Je l'aime bien, Zoya, on s'entendait bien tous les deux... »

Sous-entendu, avant qu'Anna entre en scène. La vie en couple implique souvent un état de constante et jalouse méfiance. L'arrivée d'une intruse, belle de surcroît avec qui il passe de longs moments clandestins dans des jardins romantiques, en compagnie de celui qui doit n'être qu'à vous, selon un accord tacite. Cette arrivée dans le cercle intime ne peut être vécue que comme une intrusion inamicale, menaçante et dangereuse :

« Ton travail est de dénoncer des infractions à la réglementation du travail et de favoriser l'intégration des salariés dans l'entreprise en utilisant les structures existantes. Non de faire des psychothérapies sauvages. »

Zoya avait martelé cette sentence avec douceur. Elle était en train de changer de stratégie :

« Tu es en train de détruire tout ce que tu as construit. »

114

Elle avait utilisé, presque mots pour mots la réponse que lui avait faite, il y a peu, lorsqu'elle s'était inquiété de l'état mental d'un salarié venu les consulter. L'homme présentait effectivement de troubles visibles qui pouvaient être assimilés à une maladie psychiatrique. Mais, n'étant pas expert en ce domaine, Kochka avait sagement préféré ignorer ce facteur et se concentrer sur ses capacités effectives d'intégration :

« Nous sommes tous de grands névrosés, l'essentiel est la manière dont nous gérons cet état et les conséquences qu'il a sur notre capacité de jouer un rôle dans notre société. »

Autrement dit, un grand malade qui écrit des romans est moins dangereux qu'un petit bourgeois étriqué qui masque ses fantasmes derrière son allure austère de responsables des ressources humaines. C'est ce dernier qui tuera, non l'inoffensif premier :

« Ce n'est pas la peine de te cacher derrière tes théories fumeuses. Tu crois que je n'ai pas remarqué ce qui se passe ? »

Zoya a bien sûr observé ce qui se passe, et dans son esprit, et dans une réalité qu'elle a observée à son insu. Kochka ne parvient pas à lui pardonner cette méfiance, même si elle n'était pas dénuée de fondements, et surtout pour ça, surtout qu'elle le sait d'une fidélité fragile et soupçonne d'autres infidélités :

115

« Tu m'espionnes comme un criminel. »
Curieusement, on reproche tout autant aux gens de ne pas vous accorder d'intérêt, que de vous en accorder trop. Les gens sont décidément bien compliqués :

« Tu savais déjà comment j'étais quand tu as décidé de partager ma vie. »

De partager sa vie, oui, mais beaucoup moins de la partager avec d'autres, bien que Zoya tolére son autre liaison. Il y a des nuances, pourtant subtiles et légères qui pèsent lourd dans le bonheur d'un couple, mais dans le cas ci-présent, les susnommés citoyens Anna et Kochka ont une attitude propre à faire naître la suspicion dans la cervelle la plus confiante. Et Kochka, poursuit la rédaction de sa plaidoirie fumeuse :

« Le médecin soigne le corps, la diététicienne vous apprend ce qu'il faut manger. Il y a des assistantes sociales, des spécialistes de la réinsertion professionnelle… Toute sorte de gens très compétents dans leur domaine mais dont aucun n'a idée de la réalité quotidienne à laquelle est confrontée la victime. La maladie est à l'origine des autres soucis mais les autres ennuis qui en découlent amplifient le mal, quand ils ne le créent pas. Notre société, à force de tout fragmenter, tout spécialiser, se retrouve devant un puzzle dont les pièces ne peuvent plus constituer une image lisible. »

116

C'est pourtant de ne pas fragmenter que Zoya lui reproche :

« La seule chose qui manque c'est quelqu'un pour coordonner tout ça et pour l'aider à gérer une situation complexe à laquelle rien ne la préparait. »

Il se sent investi d'une mission suprême, preux chevalier au secours de la belle esseulée entourée par une meute de loups. Pour lancer une machine sociale qui ne sait pas démarrer de sa propre initiative mais qu'il faut alerter et motiver :

« Il lui faut de l'aide pour trouver le bon formulaire et l'aider à le remplir, pour frapper à la bonne porte qui lui permettra d'obtenir l'aide dont elle a besoin. »

Le bon samaritain trouve dans la situation quelques compensations inavouables mais bien douces cependant :

« Comment peut-on faire du mal à une personne si douce, si gentille ? »

On tue bien les biches, simplement pour le plaisir. La visions idéalisée qu'on se crée de celle avec qui on ne vit pas se magnifie jusqu'à l'extase, pour retomber plus lourdement dans les réalités et les difficultés du quotidien. Kochka n'a pourtant pas envie de tout casser avec Zoya pour qui il éprouve une réelle tendresse. Mais le mal est déjà fait, bien qu'il n'y ait pas eu infidélité, comme avec la jeune hôtesse :

« C'est dommage, on s'entendait bien tous les deux . »

En même temps, il est bien conscient que la situation va être difficile à vivre, une tierce personne, omniprésente est entrée dans cet espace fragile où il avait trouvé un équilibre et le lien qui s'est tressé entre eux risque d'être fatal à son couple et à ce qu'il a créé. C'estte espèce d'interdépendance perverse qui relie le sauveteur à la personne en danger où les deux risquent de se perdre mais aucun ne peut lâcher est une des caractéristique :

« Je ne peux pas lâcher la main d'une personne qui se noie, même si elle me fait prendre le risque d'être entraîné au fond. »

S'occuper des autres est une entreprise à risques, surtout quand on n'est pas un monstre insensible. Kochka, les yeux perdus sur la surface noirâtre de l'eau qui glisse lentement sous les dernières flammes de l'astre diurne. Il examine les paramètres d'une situation ingérable et tente d'y voir un peu plus clair :

« Il va falloir faire un choix. »

La faim fait sortir le loup du bois et rentrer le mari à la maison, et ses activités sont plus coûteuses que rentables. Kochka se lève et rentre lentement vers ce logis où Zoya ne l'attend déjà plus...

118

IX

« J'ai l'impression que tout le monde baisse le nez, que les gens sont mal à l'aise quand ils me voient, qu'ils me cachent quelque chose. »

Ce matin, le moral n'a pas l'air d'être au beau fixe lorsque Kochka est invité à s'asseoir pour boire un réglementaire et noir café. Anna est fatiguée et semble d'humeur maussade, en dépit du sourire qu'elle affiche et du plaisir que lui occasionne cette visite imprévue :

« Personne ne m'aide, ma fille ne prend même pas son téléphone pour demander de mes nouvelles… Vous mettez du sucre dans le café ? »

Il n'en prend pas, et elle le sait. Anna continue son amer monologue :

« Je sais que c'est embêtant d'avoir pour mère quelqu'un qui n'assure pas… Mais juste un petit coucou, une marque d'intérêt. »

Colère et souffrance se mêlent dans un discours peuplé de peurs et de rancœurs. Elle se sent abandonnée alors qu'elle devrait être maintenant l'objet de toutes les attentions qu'elle accordait jadis à celle qui la délaisse au pire moment de son existence. La vie continue pour les autres quand elle s'est arrêtée pour elle :

« Je suis malade, et ça, elle ne l'accepte pas. »

La fatalité rend égoïste quand on lutte quotidiennement pour sa propre survie, lorsqu'on comprend que les regards des autres sont tournés vers l'avenir, les enfants... et qu'on est seul pour combattre quelque chose qui nous dépasse. Le vieux rat sait naturellement qu'il doit se sacrifier afin de sauver sa progéniture mais l'humain n'accepte pas cette terrible réalité qui le condamne à un combat solitaire et surhumain quand ses forces l'abandonnent :

« Je ne sais pas si elle réalise combien tout est difficile pour moi aujourd'hui. »

Pourquoi ses pas l'ont-ils conduit jusqu'à la porte de l'immeuble d'Anna ? Il ne saurait le dire. C'est presque par accident, comme par hasard, et pourtant par une volonté réfléchie, après avoir lu son adresse sur un de ses courriers et cherché longuement la rue sur un plan de la ville. Il arrive donc, disais-je, par une mégarde calculée, devant le digicode au secret hermétique et numérique dont il ne connaît pas le numéro :

" Il ne manquait plus que ça... »

Heureusement, il y a un interphone, invention machiavélique pour ceux qui n'ont pas le cerveau équipé de multiples circuits imprimés pour y classer les numéros de leurs digicodes avec ceux de leurs différents téléphones, fixes, portables, bureau... Et bien sûr les noms et les prénoms de leurs propriétaires :

120

« Oui, qui est-ce ? »

Après quelques laborieuses et méticuleuses recherches, il a appuyé sur le petit bouton correspondant au nom de famille. Il y a eu un bref moment d'attente puis une voix a résonné derrière la petite grille métallique. Kochka s'identifie aussitôt :

« C'est Kochka, je passais dans le secteur… »

On passe toujours dans le secteur des gens qu'on a envie de voir. Pour les autres, c'est avec plaisir qu'on serait allé les voir, mais on n'a pas une minute à soi… Enfin, une sonnerie grave retentit et Kochka pousse avec difficulté la lourde masse métallique qui protège l'entrée de l'imprenable sanctuaire :

« Faut être costaud pour entrer ici. »

Le seul inconvénient de ces herses massives est qu'elles sont très difficiles à manœuvrer pour des personnes âgées alors que les gens animés de mauvaises intentions trouvent toujours des astuces pour se les faire ouvrir. Rien n'est jamais parfait en ce monde :

« Kochka, je suis contente de vous voir. »

Bonne nouvelle. Le contraire eut plutôt été déconcertant, et même quelque peu décevant. Vient ensuite la question traditionnelle qu'il est de bon ton de poser en toutes circonstances, même lorsqu'on se moque totalement de la réponse :

« Comment allez-vous ce matin ? »

La question a été posée sur un ton presque médical. On eut dit un médecin visitant une patiente lors de la visite matinale de routine mais cette professionnelle froideur en apparence n'est là que pour masquer une émotion qu'il tâche de contrôler. Anna porte une robe simple mais élégante qu'elle a du revêtir à la hâte tandis que son visiteur gravissait péniblement les marches froides qui tentent maladroitement de se donner des airs de marbres sous le tapis en moquette grenat érodé par des centaines de piétinements journaliers laborieux :

« Moyen ce matin, tout effort est une montagne… »

Mais les montagnes ne sont-elles pas des défis pour ceux qui osent affronter leurs reliefs imposants ? Kochka se sent un peu mal à l'aise :

« Je ne vous dérange pas ? »

Une délicate odeur de légumes qu'on fait cuire à la vapeur emplit l'appartement. C'est un intérieur simple et propre. Anna le fait entrer dans une grande pièce, salle-à-manger et salon en même temps et l'invite à s'asseoir dans un confortable fauteuil moderne et doté de mécanismes sophistiqués, où il s'enlise confortablement. Puis le tutoiement, disparu un temps sans qu »'ils sachent pourquoi, revient dans sa réponse :

« Non, pas du tout, je suis contente de te voir. »

Manquerait plus qu'elle ne le soit pas, ce serait même vexant et, en plus, ça ne se fait pas de le dire. Elle s'installe dans un canapé, juste en face de lui, et, tandis qu'il boit son café, elle prend ses glycémies. L'un sans sucre et l'autre avec. Un petit noir ou une goûte de rouge, chacun selon ses goûts et le tout est de ne pas se faire du mauvais sang parce qu'on boit la tasse :

« Tout le monde parle dans mon dos… »

Tout le monde parle dans le dos de tout le monde, d'ailleurs. Les gens passent la plus part de leur temps à médire des autres et le peu qui leur reste à imaginer est ce qu'on dit d'eux quand ils ne sont pas là, tant qu'on ne peut plus imaginer que quelqu'un puisse dire autre chose que du mal de l'autre. Pourquoi revient-elle sur ce sujet qui n'était pas celui qui la préoccupait ? C'est pourtant de ça qu'elle a envie de parler :

« La chef du personnel médisait sans arrêt de moi dès qu'elle se trouvait avec le patron… »

C'est fort possible, certains arrivistes ambitieux croient toujours que dire du mal auprès des grands rapproche des hauteurs, mais le pire, c'est que ça marche souvent. À croire que la bassesse élève plus que la noblesse chez les bipèdes pensants. Anna n'évoque pas cette rude histoire sans des tremblements dans la voix, preuve, s'il en était besoin, du mal qu'elle lui a fait au plus profond de son âme :

123

« Mon patron m'aimait bien. Jamais il n'aurait agi comme ça s'il n'y avait pas été poussé par un entourage malveillant. »

Sur ce point, elle a certainement raison, les patrons ont rarement intérêt à s'attirer des ennuis qui peuvent les mener jusqu'au pénal en se privant d'employés qui, bien que malades, n'en restent pas moins qualifiés et capables de rendre des services à l'entreprise. Si ils prennent de tels risques, tout ce gâchis humain, c'est souvent poussés par les propres collègues d'une personne déjà affaiblie par le destin qui se jettent sur la bête blessée en un sanguinaire hallali de chasse à courre pour le seul plaisir de satisfaire les insatiables pulsions des appétits de leurs sadiques instincts :

« Tu ne lui avais jamais causé de tort ? »

Être différent nuit gravement à l'entourage. Je ne sais pas à quoi pensait le créateur suprême quand il n'a pas réalisé les êtres humains tous strictement identiques, faits de la même manière, ayant le même vécu... tout aurait été si simple et on serait encore à l'âge de pierre parce que personne n'aurait jamais osé se distinguer en innovant :

« Non, j'avais très peu affaire à elle. »

Quitte à s'attaquer à quelqu'un, autant qu'il soit sans défense. On ne sait jamais, des fois qu'il résiste :

« D'ailleurs, nos tâches sont très différentes. »

À la pure bassesse, la lâcheté est un subtil ornement dont elle aime se parer. Anna se lève et pèse consciencieusement les aliments encore fumants :

« Cent grammes de viande et deux cents de féculents par repas, quarante gramme de pain et trente de fromage plus un fruit moyen. Je dois suivre un régime très strict… »

En plus des prises de remèdes régulières, ces constantes pesées et mesures prennent un temps considérable dans des journées qui ne tournent plus qu'autour de la maladie :

« Tu ne crois pas que c'est trop ? »

Anna semble un instant décontenancée. Ce rituel fait partie maintenant de sa vie, de son quotidien. elle médite un instant sur la question qui semble la rendre quelque peu perplexe et remettre en cause ce qui a fini par faire partie d'elle-même :

« C'est sûr que je vivais beaucoup mieux avant d'avoir eu ces leçons de vie, quand je ne faisais pas encore tout ça… »

Ces opérations sont nécessaires et certainement vitales, mais, délivrées sans nuances à une patiente abasourdie et lâchée ensuite dans la nature sans prévoir quoi que ce soit pour aider une mise en pratique raisonnable, et le résultat est alors presque logique :

« Je ne vois pas qui pourrait tenir un pareil régime sans craquer soudain et foncer dans la première pâtisserie venue. »

Pourtant, il existe des aides à domicile par du personnel spécialisé qui vous aide à gérer la situation et vous permet de vivre normalement mais, visiblement, elle n'en a jamais entendu parler. Personne n'a jamais pensé à mettre une telle structure au service de l'apprentie malade, même pas de lui en parler. Kochka essaie de réparer cette lacune étourdie :

« Si tu veux, je vais faire le nécessaire pour que quelqu'un vienne une ou deux fois par semaine t'aider à gérer ta vie de tous les jours. Par exemple, pour t'aider à préparer vos repas et faire tes courses. »

Ce n'est pas du superflu quand on sait combien il est difficile de mesurer tout ce qu'on mange sans sombrer dans l'obsessionnel et les craintes que peuvent générer chez un individu sensé, l'usage d'un véhicule qui peut, à la suite d'un simple malaise, se transformer en engin meurtrier. Cette éventualité, même si avec un minimum de précautions, elle peut être une peur sans fondements, ne peut que tétaniser la cervelle la plus frivole. Anna avait sagement décidé de ne plus utiliser son véhicule, ce qui est tout à son honneur, mais renforce encore son isolement et son handicap. Kochka explique :

« Ainsi, tu reprendras confiance en vous et pourrez repartir sur de nouvelles bases. »

L'engrenage de l'exclusion est à la fois simple et complexe. Sans moyen de locomotion, elle ne peut aller dans les magasins qui l'éloignent du centre et perd toute chance de trouver un emploi et donc, de s'intégrer :

« Je n'ai pas du tout envie que quelqu'un s'introduise dans mon intimité et puis, je ne suis pas impotente. Je peux me débrouiller toute seule. »

Le dialogue de sourds s'enlise rapidement :

« Il ne s'agit pas de cela, je parlais juste d'une aide ponctuelle. »

Il sait ne pas être entendu et ne parler que pour relancer la machine, que pour permettre au flot rageur de se déverser dans le canal d'une oreille disponible :

« Je ne veux plus être considérée comme une malade, mais comme une personne normale, quelqu'un comme les autres. »

Ce refus est une victoire, un premier pas vers une issue positive. Kochka cache à sa joie pour ne pas briser cette agressivité salvatrice. Cette révolte exacerbée et violente est le moteur qui va conduire Anna vers la guérison, mais le seul fait d'abonder dans son sens pourrait brise cet élan combatif et la faire retomber dans sa mortelle léthargie :

127

« Tu as raison tout à fait, et c'est ce à quoi nous allons travailler. »

Il était temps d'apporter une morale à l'affaire, en l'occurrence, de passer à l'action. Elle est plus calme maintenant et une sorte de lassitude la saisit après l'exaltation de l'instant avant quand elle répond d'une voix mélancolique :

« Après ce qui s'est passé, je ne crois plus en personne. »

Cette réflexion désabusée peut tout aussi bien signifier combien elle espère retrouver un jour cette confiance à laquelle sa nature généreuse incline naturellement :

« Je m'en veux d'avoir été si naïve, j'ai été la reine des idiotes. »

Un instant, la colère a crispé son visage puis elle se reprend et reprend :

« Monsieur Jaba m'aime bien mais cette garce de madame Grudi ne cesse pas de me casser du sucre sur le dos... »

On tourne en rond ? comme toujours, depuis le début, on n'avance pas et tout revient aux mêmes inutiles rancunes. Kochka case le cercle d'un ton ferme :

« Certainement, mais c'est lui le patron et, en tant que tel, il est responsable de chacun de ses employés et il n'a pas à se laisser influencer par des racontars. Il devait faire preuve d'autorité pour y mettre fin. »

128

Le jugement est définitif et sans appel. Il en a toujours été ainsi, le président se cache derrière son premier ministre qu'il livre sans vergogne à la vindicte populaire. Kochka, impitoyable procureur, poursuit sa plaidoirie dans son élan vengeur :

« On ne peut pas laisser impunis de tels actes, sinon, c'est la porte ouverte à tous les abus. »

Il s'extirpe difficilement du confortable fauteuil, mu par une juste indignation. Jamais il n'a pris autant toute la mesure du traumatisme subi par Anna, déjà peu préparée à ce genre de situation par une existence qui l'avait maintenue à l'écart de ces réalités sociales et fragilisée dans sa chair par un brutal coup du destin. Elle s'était retrouvée la cible d'attaques déstabilisantes et sournoises dans le milieu professionnel qui avait été son refuge après le naufrage de son couple, et le radeau venait de couler après le navire. On en a vu se noyer pour moins que ça :

« Ce qui est dit dans ce courrier vaut tous les témoignages incertains et fluctuants et on ne peut en ignorer, ni la source, ni l'auteur. »

Anna reste dubitative, et en tous cas, elle est loin de partager son enthousiasme. Tout ça ne lui dit rien qui vaille et l'inquiète. S'attaquer à des tout-puissants s'apparente au crime à un crime de lèse-majesté et elle ne peut, sans blasphémer, abonder dans son sens :

« Monsieur Jaba est respecté dans toute la ville. Entre moi et lui, ce sera vite tranché. »

En ce temps-là, tous les hommes étaient égaux, mais, il y en avait qui étaient plus égaux que les autres... il est certainement beaucoup plus difficile pour le petit d'avoir raison contre le grand que le contraire, mais, avec des preuves solides et l'appui d'une association ou d'un syndicat, l'aide de journalistes de grands médias et d'un politicien influent. Si il est évident qu'on est dans son bon droit et que le coupable est trahi par ses relations en haut lieu, même si la bataille est dure, on peut espérer gagner son procès avec un juge pas trop corrompu :

« J'ai regardé ton dossier avec attention, et demain matin, avec André, nous mettrons au point une stratégie de défense... »

Ue réunion doit avoir lieu chez son employeur en présence du tout puissant médecin du travail et Kochka a obtenu d'y être présent, ce qui est une reconnaissance de son entreprise, avec André qui a finalement, en lisant le dossier préparé par Kochka, accepté d'assurer sa défense. Cet entretien à la fois informel et formel est une négociation de la dernière chance pour obtenir la réintégration d'Anna que le bon patron a bien voulu gentiment accepter, sous la menace de désagréables suites juridiques, il est vrai, mais l'important, est qu'elle ait lieu :

« La discrimination est punie d'une peine pouvant aller jusqu'à six ans de prison. Il a tout intérêt à trouver un arrangement avec nous, aussi puissant qu'il soit. »

Kochka sera toujours un indécrottable idéaliste qui croit que les lois sociales sont faites pour être appliquées. C'est à se demander qui des deux est le plus réaliste car Anna en doute fortement et ne se fait guère d'illusion sur le résultat d'une initiative qui l'effraie :

« Il veut se débarrasser de moi et c'est perdu d'avance. »

Kochka lui lance un regard empli à la fois d'une énergie décidée et belliqueuse et d'une tendresse protectrice. Il lui pose alors la question de vérité, à savoir si elle peut vaincre sa peur de son ancien milieu professionnel, et son regard est plus un aveu que ne le seraient les mots d'une déclaration brûlante et poétique :

« Tu as envie de retrouver ton emploi ? »

Au fond, elle a le droit de préférer en finir une bonne fois pour toute et repartir dans une ambiance plus saine sur de nouvelles bases :

« Oui, mais je ne pourrai plus faire les horaires que je faisais avant… »

Elle n'est pas prête à tourner la page, et Kochka se doit d'en tenir compte ainsi que des paramètres liés à son état de santé et agir dans ce sens dans ce qui sera son épreuve du feu :

« L'employeur doit proposer au salarié un autre poste de travail, en tenant compte des conclusions écrites du médecin du travail. »

Après cette citation extraite du code du travail, histoire de montrer qu'il est sérieux et n'agit pas à la légère, il déclare d'une voix forte :

« Alors, nous-nous battrons dans ce sens. »

Anna est un peu assommée par une situation totalement inédite pour elle. Elle semble égarée dans un monde peuplé de sentiments divers et contradictoires :

« Excuse-moi, il faut que je mange, maintenant. »

Nécessité fonctionnelle ou pathologique ? Repli stratégique ? Peut-être les deux. En tous cas, elle indique clairement à Kochka qu'il est temps de mettre un terme au débat et pour son hôte de se retirer. Il s'approche d'elle, pose délicatement ses mains sur ses bras doux et délicieusement potelés puis l'embrasse sur les deux joues. Il y a un moment très trouble, une sorte de fluide passe entre eux et il s'en faut de bien peu que ces baisers soient moins chastes qu'ils ne convient en pareilles circonstances :

« Ne te fais pas de soucis, Anna, tout va bien se passer. À demain... »

X

« Kochka, représentant de l'ALARME*. »

En même temps qu'il se présente, notre ami tend la main au quinquagénaire rondouillard qui était le patron d'Anna :

« Monsieur Jaba. Enchanté de faire votre connaissance. »

Il a fait preuve d'une exceptionnelle bonne volonté en acceptant ce guerrier indépendant alors que le protocole n'y prévoit, en principe que la présence d'un représentant syndical, d'un spécialisé dans le domaine de l'intégration des handicapés, et du médecin du travail :

« Je vous remercie d'avoir accepté que j'assiste à cette réunion. »

Monsieur Jaba lève une main amicale et ne répond que d'un sourire. Son allure de petit chauve rond et jovial, de bon vivant un peu rougeaud, de patron humain, humaniste et certainement proche de ses salariés, paternaliste et protecteur... Sa bonhomie contraste avec le visage hautain et le tailleur austère de celle qui l'accompagne et se présente à son tour d'une voix assortie à sa moue méprisante :

* Association des Limiers Amateurs de Recherches dans le Milieu des Entreprises. lire : Le corps au pied.

« Madame Grudi, responsable du personnel. »

Sa voix sèche et froide contraste avec les rondeurs de son chef qu'elle domine presque d'une tête. André se présente à son tour puis, monsieur Jaba les invite à s'installer dans une petite pièce lumineuse et fonctionnelle, pourvue de tables et chaises en formica bleu clair, un endroit visiblement fait pour ce genre de réunion. Un homme en costume sombre et gris leur tend la main sans un sourire :

« Bonjour, je suis le chargé de réinsertion pour l'A.U.R.I., l'Agence Universelle pour la Réinsertion des Invalides. »

Tiens, celui-ci n'a pas de nom, c'est l'ahuri, pardon, l'A.U.R.I. anonyme. En tous cas, il a l'air de se prendre pour quelqu'un et il ajoute d'un ton pédant :

« C'est moi qui suis chargé de suivre le dossier d'Anna. »

Règle numéro un, toujours appeler par son prénom celui ou celle qui n'est qu'un numéro de dossier dans les faits. Cette intimité de façade, aussi démagogique qu'elle soit, rassure et donne la fausse impression qu'on est concerné par un cas auquel, en réalité, on n'accorde que de temps après, juste pour la forme, une lecture distraite en diagonale, histoire de se tenir au courant. C'est une stratégie de communication qu'on apprend dans les écoles :

134

« C'est la première fois que je suis mis en cause dans une telle affaire et je peux vous assurer que mes employés n'ont jamais eu à se plaindre de moi. »

Une voix de fausset qui monte vers le haut et un faux air qui se voit et descend vers le bas, Kochka comprend tout de suite qu'il faudra se méfier mais réplique cependant avec un large et aimable sourire :

« Il faut un début à tout. »

Le tour est complet. Il ne manque plus que la diva pour commencer le récital, le petit patron chauve, à ne pas confondre avec le chauve qui peut, ne relève pas tandis que le le chargé de réinsertion pour l'A.U.R.I., rassure tout le monde :

« Nous allons bientôt commencer le débat, dès que le médecin du travail sera là, elle ne devrait pas tarder. »

Il est de bon ton de se faire attendre chez ceux qui se sentent au dessus des autres. Il ne faut pas arriver en même temps que le commun des mortels, ça fait peuple et on peut faire une entrée théâtrale sur l'air de la personne importante et surchargée de travail mais qui sait rester simple, ce qui impressionne toujours. En attendant, les langues se délient, on fait connaissance et, petit à petit, ce qui n'est pas un mal, l'ambiance se détend :

135

« Détective en entreprise, voilà une activité peu ordinaire, monsieur Kochka. Ça fait longtemps que vous exercez dans ce domaine ? »

En attendant, on parle de tout et de rien. Monsieur Jaba est visiblement intrigué par l'activité peu habituelle de son interlocuteur. André jette un dernier coup d'œil soigneux sur les notes et documents qu'il a sorti d'une sacoche noire de cuir érodé. Kochka élude la question de l'ancienneté, il n'est jamais bon de faire étalage de son manque d'expérience mais croit bon d'expliquer :

« Je crois que cette activité correspond à un réel besoin. Il faut quelqu'un qui ait une vue d'ensemble des problèmes et puisse intervenir sur tous les fronts. »

Le chargé de réinsertion pour l'A.U.R.I. n'a pas du tout l'air de trouver l'initiative à son goût et intervient, mi-figue, mi-raisin, ce qui ne dois pas être mauvais, d'ailleurs :

« Mais nous sommes là pour ça. »

André, incisif, répond du tac au tac prend ma défense et lui cloue le bec :

« Pas dans tous les cas, la preuve en est. »

Le ton est donné et un adversaire commun est trouvé. Kochka répond posément et avec une politesse presque affectée, mais sans hypocrisie, au respectable interlocuteur qui se cache derrière ses lunettes sournoises :

136

« Je n'en doute pas, mais vous êtes surchargés de dossier et ne pouvez avoir une proximité affective et une disponibilité suffisante. D'autre part, j'ai une totale liberté d'action qui me permet d'agir là où les autres intervenants ne peuvent pas le faire. »

Une élégante manière de dire qu'il avance sans crainte et sur tous les terrains quand les autres ouvrent le parapluie et restent bien prudemment à l'abri dans leur domaine et tâchant d'ignorer le plus possible celui de l'autre :

« Ainsi, j'ai une connaissance du vécu au quotidien, des réalités de l'environnement qui me permet d'intervenir sur tous les plans alors que vous devez rester dans le cadre imposé de vos fonctions. »

Anna se tait, tétanisée et pâle, les yeux dans le vague. Ces réunions sont de véritables procès, assez terrifiants pour celle ou celui qui est au centre de ces entretiens d'apparence anodine où se joue leur avenir et dans lesquels leur intimité sera dévoilée, analysée, disséquée... Sa seule chance, et non des moindres, c'est d'avoir eu, à titre exceptionnel, le droit d'être assistée, un droit naturel de tout accusé à être défendu, quel que soit son crime, mais qui est généralement refusé aux victimes de la maladie défendus par des élus qu'ils ne peuvent pas choisir et qui qui ne sont pas toujours assez combatifs :

137

« L'essentiel de ce premier acte de notre action est de redonner confiance à une victime de violences répétées sur la durée. »

Il est tout à fait logique qu'une victime de violences répétées en groupe développe une peur névrotique des autres et ait besoin d'être mise en confiance pour pouvoir s'exprimer et retrouver sa place dans la société. Kochka a longuement évoqué ce sujet avec André lorsqu'ils se sont rencontrés pour préparer cet entretien :

« Il faut éviter que l'employeur tire profil des blessures qu'il a lui-même infligé. »

L'état de confusion et le diagnostique de dépression ne sont que des conséquences des sévices subis, de certaines maladie et de certains traitements. Leur conversation matinale avait pris rapidement une allure de conseil de guerre sous l'impulsion martiale de Kochka et en dépit des intentions plus mesurées d'André :

« Je suis conscients qu'Anna a été victime de discrimination, de violences morales, et que celles-ci ont créé un grave traumatisme, une aggravation conséquente de sa maladie ainsi qu'une importante perte financière. »

André se montre plus pondéré mais prêt à en découdre si besoin était :

« L'objectif de la réunion de ce jour doit être de chercher une solution consensuelle dans le calme et la bonne humeur. »

Mais qui veut la paix prépare la guerre, et il garde ses armes à portée de main :

« Cependant, les preuves de discrimination que nous avons en notre possessions seront exposées discrètement afin de répondre à d'éventuelles diffamations et d'éviter une nouvelle agression de son employeur. Monsieur Jaba est coutumier du fait, nous avons déjà eu affaire à lui dans des cas semblables. D'autre part, il n'a pas joué son rôle de responsable d'entreprise en réglant une soi-disant contestation, si il ne l'a pas attisée »

André avait longuement parlé avec Anna pour lui redonner confiance et lui permettre de s'exprimer sur ce qu'elle avait enduré. Lui aussi s'était renseigné sur ce dont elle souffre et ils peuvent parler d'une même voix, maintenant, au moment où va s'ouvrir la séance, quand une dame en tailleur fait une somptueuse entrée et se présente avec une large et mondain sourire à ses admirateurs assemblés et soudain levés :

« Bonjour, je suis le docteur Ochibki, médecin du travail. »

Elle fait le tour du petit monde qui l'attendait et chacun se présente puis, les mondanités achevées, tout le monde s'assoit à sa place protocolaire, le médecin du travail à la droite du patron et le chargé de réinsertion à sa gauche. Monsieur Jaba entame alors solennellement la lecture de l'acte d'accusation :

139

« Anna avait repris son travail en mi-temps thérapeutique après un arrêt maladie… »

Kochka intervient intempestivement en brandissant la fameuse lettre qui avait attiré son attention dès le début de cette affaire :

« En arrêt, suite aux pressions subies dans son environnement professionnel, elle a reçu une lettre de votre part sur la gêne occasionnée à ses collègues par son handicap. »

Un silence pesant accueille cette intervention. La missive explicite est agitée comme une menace… Monsieur Jaba se défend hardiment :

« Je dois gérer une entreprise et tenir compte des réalités budgétaires et des obligations qui nous incombent dans l'intérêt des enfants que nous accueillons. »

Kochka répond avec la fougue d'un avocat en plaidoirie :

« Par une consultation des salariés de votre entreprise qui n'était pas bien indiquée dans un tel cas de figure et constitue une discrimination et une violation du secret médical. »

Le docteur Ochibki intervient pour calmer une ambiance explosive :

« Anna a exprimé très clairement des projets professionnels et son désir de rester intégrée dans la vie active. Nous devons l'aider dans sa démarche tout en reconnaissant ses difficultés et les nécessités de la gestion de l'entreprise. »

Kochka cite alors, calmement :

« Avec le médecin du travail, Anna a abordé la discrimination dont elle a été victime et qui ont conduit à son second arrêt. »

Le duel à fleurets mouchetés continue et la doctoresse réplique :

« Elle a reconnu cependant ne pas être assez forte pour assumer seule la responsabilité du groupe, mais cette prise de conscience a été un déchirement pour Anna et elle m'a déclaré lors de notre entretien que travailler lui avait redonné le goût à la vie. »

Celle-ci avait alors conclu :

« On évolue tous. Nous allons trouver des solutions. ».

C'est alors qu'avait été envisagé d'organiser une réunion pour négocier un temps partiel accompagné en poste adapté qui tienne compte de ses impératifs horaires médicaux. Celle-là même qui a lieu en ce moment :

« Rien ne s'oppose au maintien dans le poste. »

Elle ajoute simplement :

« En cas de nécessité, il faut qu'elle soit autorisée à manger une pomme devant les enfants. »

Ce à quoi, André fait remarquer, fort à propos :

« Ses collègues sont bien autorisés à fumer une cigarette… »

Le chargé de réinsertion pour l'A.U.R.I. propose :

« Nous pouvons mettre en place une aide technique et financière, elle est prévue dans les textes pour ce type de situation et compense les pertes financière dues aux mesures qui sont prises pour maintenir un salarié handicapé dans l'emploi. »

L'atmosphère est un peu plus sereine après l'émouvante intervention de la praticienne mais monsieur Jaba intervient d'une voix doucereuse : « Anna a toujours été fragile psychologiquement, alors qu'elle n'avait pas encore de diabète, et il n'y a pas de raison que ça change. »

Comment le savait-il ? Décidément, le bon patron aux allures sociales ne recule devant rien, le bon patron est prêt à tout pour atteindre ses objectifs meurtriers… Kochka intervient à nouveau, mais cette fois-ci, avec emphase et même colère :

« Ceci est purement diffamatoire, monsieur, vous n'êtes pas qualifié pour porter de tels jugements. »

Le médecin du travail abonde immédiatement dans son sens ce qui met un point final à la polémique et fait taire le vilain patron médisant :

« Anna ne souffre d'aucuns troubles psychiques et peut être parfaitement intégrée dans la vie active. »

Kochka regrette un peu de ne pouvoir développer sa brillante théorie sur les troubles du comportement liés aux troubles du métabolisme. Pouvoir faire une conférence sur l'activation du système sympathique et la sécrétion des hormones du stress par la médullosurrénale et leurs conséquences sur les états émotionnels des malade. Ça aurait été un peu osé en présence d'un médecin qui, de toutes façons, est de son côté. Monsieur Jaba semble avoir beaucoup perdu de sa superbe mais ne veut pas perdre le contrôle de la situation. Il s'adresse d'abord au docteur Ochibki :

« Anna sera réintégrée sur son poste à l'issue de son arrêt maladie. Je vais m'occuper de lui préparer un emploi du temps qui corresponde au certificat médical que vous m'avez donné et je lui ferai une proposition dans ce sens le plus rapidement possible. »

C'est une victoire inespérée sans qu'il ait été nécessaire de se lancer dans une procédure dont le résultat aurait été aléatoire. Le reste se fera en douceur dans le cadre ordinaire de son entreprise, même si nous sommes décidés à rester vigilants La réunion se termine dans la bonne humeur quand monsieur Jaba se tourne vers Anna avec un sourire gras :

« Tous mes salariés doivent passer sous le bureau, Anna, il faudra vous entraîner*. »

Cette conclusion humoristique brillante de l'employeur ne fait rire personne et jette même un certain froid. Enfin, l'heure n'est plus aux joutes verbales et moins encore aux duels juridiques. Un accord a été trouvé et c'est pour l'immédiat tout ce qui importe. Je signale à tout hasard, au patron libidineux :

« Nous en prenons note, monsieur Jaba, mais nous surveillerons la situation avec une attention particulière. »

Chacun se lève et tout le monde se salue avec les mêmes sourires aimables qu'au début de la réunion. Kochka se retrouve dans la rue à côté d'Anna qu'il a décidé de raccompagner :

« Tu es heureuse du résultat ? Le tyran a mordu la poussière et nous avons gagné. »
Instinctivement, il lui a pris la main alors qu'ils sont seuls dans la rue. Ils s'arrêtent et se font face, intensément. Le monde n'existe plus dans le petit jardin municipal :

« Je suis fière, j'ai retrouvé fierté et dignité… J'étais jetée à la poubelle… »

Pour Kochka, cette seule phrase est la plus belle des récompense, un superbe cadeau et il est très ému. Leurs bouches se rapprochent et leurs lèvres se touchent…

* Une telle plaisanterie a réellement été faite dans un cadre analogue.

144

Peu après, je recevais une lettre d'Anna dont je vous livre copie avec son autorisation :

LA LETTRE D'ANNA

« Tu es magnifique ; dans tes bras, je vais au-delà du rêve, goulûment. Tu sais, on aurait pu se rencontrer il y a deux siècles, l'herbe folle du chemin nous aurait accueilli avec le même élan. »

Une femme peut vivre, une femme doit vivre. Anna, je ne l'aime pas, oui, c'est moi et toi tu me prends, c'est comme ça que tu me donnes tout. Bientôt, j'aurai la force d'oublier mes blessures, bientôt je repartirai sur la route grâce à toi. Je ne serai plus Anna, j'aurai crié ma colère, j'aurai pleuré ma tristesse, j'aurai appris un monde cruel. J'ai confiance en toi. Farouche, apeurée, Anna n'aime plus les hommes, toi tu es différent, avec toi, je me sens authentique. As-tu remarqué que je parle d'Anna à la troisième personne ? L'autre, celle que je veux oublier, celle qu'on a trahie, humiliée, piétinée, maltraitée, celle de l'histoire... C'est ta voix qui en parle le mieux, moi, je ne sais pas. Je prends conscience d'une force, je prends conscience de la mort à l'instant de notre amour. Vivre l'orage qui vient et se laver du cauchemar, se laver de ses doutes. Malhabile encore,

145

Anna se relèvera t-elle ? Et là encore, je doute. Mais tu es là, l'enfant, c'est moi. Tendrement, tu me dis :

« C'est assez, ma grande, il faut sortir de ça. »

Je ne veux plus savoir pourquoi c'était comme ça puisque je ne suis plus comme ça. C'est la vie que tu me donnes. Alors, je parle de ce qu'Anna ne peut pas dire :

« La femme a besoin de reconnaissance. La femme a besoin de se sentir exister au regard de tous. »

Même, si, ménagère chez elle, elle se veut discrète. Quand elle fait sauter les crêpes, ça sent bon dans la cuisine. Jouir de la vie par la femme, grâce à elle, dès le premier cri. Un élan de tendresse nous enveloppe alors. Ce sont les bras de l'amour que l'on sent, on ne l'oublie jamais. Aujourd'hui, je regarde les hommes d'un autre œil. L'œil gras qui surnage à la surface du bouillon, l'œil du ruminant qui regarde passer son premier train, l'œil de borgne qui fait le tri de ce qu'il accepte de voir. L'œil de lynx qui voit plus loin qu'on ne peut l'imaginer. L'œil. L'œil de l'orgueil. Après tout, c'est légitime. Après avoir été si petit, il lui fallait du fard pour lui donner de l'importance. Moi, je n'aime pas ça, ça donne de l'allergie :

« Ah, Kochka, je t'embrasserai toujours mon amour. »

La table à repasser trône au milieu du salon. Le linge s'accumule, je lis le journal et m'intéresse au monde. Si la porte s'ouvre, vous viendrez. Non, pas tout le monde, ceux que je choisirai. Si vous me plaisez, si avec vous je me sens bien, acceptée, estimée, aimée…

« Il parait que j'ai pu être folle. »

Moi, qui aime le verbe, je ne sais pas à quel temps le conjuguer. Hier, aujourd'hui, demain, si l'amour est folie, je voudrai que le monde soit fou de cette façon, même s'il m'arrive de haïr comme tout le monde. Allez, je me console, mon grain de folie est semblable aux vôtre, c'est ce que je veux croire. Il ne faut pas m'en raconter d'autre si j'ai appris de vous :

« Nous ramons tous, et merde ! Les emmerdes, quand ça vous tombe dessus, vous avez beau savoir que tout le monde s'en fout, j'ai parfois envie de faire… Le monde. »

Ça défile le papier, ce n'est pas bon pour la planète, vous voyez bien que je suis dans l'air du temps même si le temps perdu ne se rattrape plus :

« Au revoir Anna, dépêche-toi de le rejoindre, il t'attend et il t'aime ton Kochka. Je suis si proche de toi. »

ANNA

147

Dessin de Morgane LASSERRE

DU MEME AUTEUR

CONTES : **Domovoy sans Domovikha.**
Recueil de contes 17 contes : Domovoy, esprit des maisons. Visna, la petite poupée qui voulait avoir une âme, Un petit minou gris au maître solitaire, Un sou perdu, un étrange voyage..., Prems', la petite souris qui veut toujours être première...

A COMME : Phrases de grands hommes pour vous faire rire ou sourire au quotidien...

GUIDE MEDIEVAL :
Pas un dictionnaire du langage médiéval, mais quelques notions pour mieux aborder les parlers, l'art troubadour et la vie quotidienne dans une époque à découvrir....

DELIRES : De petits sketchs sur divers sujet, pour rire ou pour penser.

ROIS ET REINE DE FRANCE : Les rois de France de Pépin le Bref à Charles X et les reine, une liste pratique pour ne pas oublier et quelquefois découvrir l'Histoire d'une manière différente.

HENRIETTE D'AUBIET

HENRI LASSERRE

Une jeune fille de la noblesse pauvre est remarquée pour son courage, son aptitude aux armes et son intelligence par Monsieur de Maupeou, protégé du duc de Choiseul, chef du gouvernement de Louis XV, et se retrouvera proche de la reine Marie-Antoinette.

150

FICTIONS

QUAND JE SUIS MORT : Après son décès, un homme se retrouve entre deux monde et essaie de retrouver l'usage de ses sens et de comprendre ce qui lui arrive... Suite :
UNE VIE DE FANTOME
GLOUP : Un homme se réveille dans une tente, seul, en pleine Sibérie et part à la recherche de traces de vie dans l'immense pays désert...
HYPOMAN : Les dieux celtes décident de reprendre le pouvoir dans le monde moderne où règne la télévision.
L'ARTUSIENNE : Dans un café, un homme rencontre une femme au curieux comportement, venue de la planète Artus…
LA VALISE INCASSABLE : Les aventures d'une valise qui se retrouve impliquée dans le vol de près de cent millions de dollars de diamants.
TELEPORTATION : Luc, jeune lieutenant de l'armée de l'air issu de Polytechnique, est envoyé dans une section de recherche chargée de mettre au point la téléportation d'un être humain.
ADONIS LEBEL : Après trente années passées dans les archives d'une même entreprise, Adonis Lebel vient de perdre son emploi quand il hérite d'une fortune fabuleuse...
THEOBALD : L'histoire de la vie paisible d'un homme heureux...

151

LES MEMOIRES D'UN AMNESIQUE: Un homme est retrouvé, totalement amnésique, dans l'aéroport de Poissy et raconte sa vie et ses aventures pleines de quiproquos depuis le jour de sa « renaissance ». suivi de **SIGURD, LE ROI DES EAUX,** dans monde mystérieux des abysses... **LES HYBRIDES.**
LA REVOLTE DES MERS.
L'HOMME NU.
ENFANT DE SALOP : Les mémoire d'un homme victime de la haine de son géniteur...
RESURRECTION ADN : Un biologiste en fin de carrière décide de retrouver sa jeunesse. Il va trouver le financement de l'opération grâce à un émir…

ROMANS HISTORIQUES :

LA JUIVE ET LE SS : En 1945, Sarah, jeune juive, engagée volontaire du SOE a eu l'idée de partager la cellule d'un criminel du guerre pour comprendre ce qui s'est passé qui l'a transformé en monstres et que ça ne se reproduise pas.

BARBE DE VERRUE : La vie d'une trobairitz du 13° siècle, et, à travers elle, des femmes de son époque ainsi que l'histoire des premiers hôpitaux.

L'HOMME D'IMBOLC : Un peuple fuyant un envahisseur mystérieux plusieurs siècles avant notre ère… Un scientifique travaillant sur une machine à remonter le temps…

LE GUIDE DE SAMAIN :
La rencontre de deux mondes et cette question : Les celtes ont-ils découvert l'Amérique ?

LE BARDE : L'évasion d'un serf, un long voyage vers la liberté de penser…

HIER : L'aventure d'un couple qui se retrouve deux siècles avant leur naissance, à la recherche de leur aïeul disparu...

LES ESCLAVES BLANCS : Une razzia dans une ferme fait découvrir à nos héros l'ampleur de la traite des blancs en Afrique du nord.

AZALAIS : Au treizième siècles, une petite fille née dans une roulotte, parmi des saltimbanques, raconte son histoire...

153

LE FAUX MEDECIN : 3 tomes.

Lors d'un bombardement, un homme se retrouve avec l'identité d'un médecin venu le sauver. Ce hasard fera de lui le témoin de l'héroïsme des premiers paras du débarquement...

BEATRICE : (4 volumes.) Au moyen-âge, une fillette, seule survivante du massacre des siens, décide de se venger...

Suivi par : GROC HUELH ISNARD DE GRASSE. LA BATAILLE

COUP D'ETAT 1789 : Un jeune bandit parisien se trouve pris dans la tourmente de la révolution où il va être témoin des conspirations d'un des grands du royaume... Suivi par : **NAUFRAGE** et **BLEU, BLANC, SANG** et **THERMIDOR**

154

HENRIETTE D'AUBIET :
Une page de notre Histoire, évocation libre de
la vie de Marie-Antoinette.
12 volumes

Une jeune fille de la noblesse pauvre est remarquée pour son courage, son aptitude aux armes et son intelligence par Monsieur de Maupeou, protégé du duc de Choiseul, chef du gouvernement de Louis XV. Une grande carrière commence alors pour celle qui vivait alors comme une paysanne.

Suivi par :**L'ELEVE ESPIONNE**
L'OMBRE DE LA REINE
LA COLOMBE ET LES VAUTOURS
LA REVOLUTION AVORTE, ou l'histoire méconnue de la révolution de 1771.
LA FIN DES ILLUSIONS
L'INEVITABLE NAUFRAGE
LA MARCHE VERS LA MORT
LA VENGEANCE DES ANGLAIS
LES ADIEUX AU TEMPLE
LES TROIS DAMES
LA REPUBLIQUE SANGLANTE

LA FUITE : Un petit truand pendant la guerre mondiale déserte le champ de bataille. Mais une rencontre va bouleverser sa vie… Et que fuit-il sinon lui-même ?

155

LE DERNIER DES COSAQUES :
SAGA EN 5 VOLUMES :
LE DERNIER DES COSAQUES :
Les aventures d'un cosaque en 1922 après la chute des armées blanches...

Une page méconnue de l'histoire russe dans un « eastern » plein d'action et de rebondissements...
VOR VORON :
Slouch affronte une secte aux pratiques obscures.
ÉPOPÉE CHEZ LES DIEUX CELTES :
Voyage imaginaire au cœur du monde des légendes celtes...
RETOUR VERS L'HYPERBOREE :
Voyage dans la mythologie slave et sibérienne et l'histoire des héros légendaires cosaques.
L'OR D'OMSK :
Qu'est devenu le gigantesque trésor impérial ?
L'AIGLE DES STEPPES :
Un nouvel eastern. Bouria et son maître escortent deux américains en Sibérie ?
LE SECRET DE L'ORDRE : En pleine terreur stalinienne, des agents infiltrés sont arrêtés par le NKVD...
LE COSAQUE DU BAIKAL : La bataille de Moscou fait rage. Les cosaques y font merveille mais savent déjà que Staline les éliminera dès la fin de la guerre...

156

MASHA BRUSKINA :
Pas une biographie de la jeune héroïne et martyre mais une fiction. 1941, le colonel cosaque, tsariste au service des bolcheviks, rencontre la jeune fille pendant une mission chez les partisans et d'infiltration.
Suivi par **L'aigle à l'étoile et Dernier acte**
L'ECOLE DU FEU: Un cosaque rejoint l'Armée Rouge dans sa lutte contre l'envahisseur nazi en 1942 alors que son frère rejoint le clan adverse.
Suivi par : **AU DELA DES LIGNES.**
LE COSAQUE DU BAIKAL : Une centaine de cosaques, anciens des armées blanches, se sont réfugiés à l'est du lac Baïkal. Le nouvel ataman décide de libérer des prisonniers de guerre pour augmenter ses effectifs et de leur trouver des femmes pour qu'ils fondent des familles. Suivi par :
LE BLANC ET LE ROUGE : À paraître.

LES TROIS ROSES

Saga en 7 volumes mettant en scène, de manière fantaisiste, trois grandes dames de la littérature médiévale au prises avec les soubresauts d'une Histoire mouvementée...
Volume 1 : Le spectre au violon : Le fils aîné d'un baron en quette de gloire et son fidèle écuyer se lancent à la recherche d'un monstre qui terrorise la région....

Volume 2 : Les trois roses : Trois femmes dans le tumulte de la révolution des idées au moyen-âge, passions et sensualités, l'égalitarisme, homosexualité féminine mais aussi la question de la moralité et du message biblique qui est à l'origine. Ce 14° siècle est plein de surprises....

Volume 3 : L'intemporelle : La plus grande poétesse française, celle dont les fables inspirèrent La Fontaine, l'une des femmes les plus talentueuses de notre histoire mais que nous avons totalement oubliée vivait au 12° siècle...

Volume 4 : L'étoile des roses. Après le spectre au violon, les trois roses et l'intemporelle, le voyage médiéval continue avec une des plus grandes "star" du temps, Barbe de Verrue.

Volume 5 : La rose des justes : « Si c'est pour en arriver là, ça ne valait vraiment pas le coup.. »Dans les ruines fumantes de Berlin, aux derniers jours de la guerre, une jeune femme exprime sa colère auprès d'un étrange fantôme... Ainsi commence l'avant dernier volume de la sage des trois roses...

Volume 6 : L'épine des roses : Voici nos personnages qui se rassemblent, mais, dans quel but mystérieux ? Car la question reste entière et la troisième rose reste toujours méconnue...

Volume 7 : La rose des neiges : Du moyen-âge au monde moderne avec nos trois héroïnes et leur troubadour et de la France à la Sibérie…

ROMANS POLICIERS

SERIE ADONIS LEBEL

ADONIS LEBEL : Après trente années passées dans les archives d'une même entreprise, Adonis Lebel vient de perdre son emploi quand il hérite d'une fortune fabuleuse...

SECRET MEDICAL : Un maître-chanteur menace de dévoiler les dossiers médicaux des patients d'une clinique privée...

LA FEMME LOUP : Adonis Lebel est engagé pour retrouver une jeune femme disparue depuis deux ans...

LE RAT DU NEGRESCO : Des bijoux sont volés dans l'hôtel mythique... Le directeur décide de faire appel à Adonis Lebel...

L'AUTO STOPPEUSE : Une jeune femme est partie en stop retrouver l'homme qu'elle aime mais n'est jamais arrivée à destination. Adonis est chargé de l'enquête.

COUP DE BLOUSE : Une série de suicides frappe un laboratoire de recherches médicales...

LE FANTOME :

SERIE KOCKA
Détective amateur qui conclut un peu vite...

LA GRANDE FAMILLE : Kochka arrive pour remplacer un comptable dont la mort mystérieuse…
LE CORPS AU PIEDS : Dans la neige, soudain, un indice… Et l'aventure commence....
UNE ETRANGE AFFAIRE : Un homme annonce à Kochka qu'il va être assassiné...
ELISA: Suite d'une étrange affaire…

AUTRES
LE CRIME : Un homme se réveille un matin, persuadé qu'il a commis un crime et décide de savoir...
Un joli boudin sucré : Une vie tranquille, et soudain…
LE ROIS EST LÀ: La monarchie restaurée met fin à des siècles de désordre, mais le crime est hélas toujours d'actualité. Kochka reçoit la visite d'un étrange marquis...   suivi par :
LA CHASSE AU MARQUIS et
LES QUATREMOUSQUETAIRES
LES TUMULTUEUX DEBUTS DE THEOBALD TETEVIDE : Théobald, tout juste sorti de l'école de police arrive dans un commissariat marqué par l'assassinat de deux policiers...
LA POLICE DU MARQUIS : Théobald et ses amis partent prendre quelques vacances au château de marquis avant de reprendre l'entraînement puis d'être intégrés dans une étrange brigade.

LES COMPAGNES DE JADE : Jade, libérée des mains de Vort, leur fait des révélations sur un réseau international de trafic d'esclaves...

JADE : Jade, la nièce du terrible trafiquant, Phong, a été confiée au détective Kochka pour être son assistante. C'est alors que vient un petit employé d'une entreprise d'import-export qui se plaint d'être suivi…

161

FICTIONS BIBLIQUES

J'AI FAIT UN REVE : Ce roman est une pure fiction. Il n'est ni un ouvrage théocratique, ni une élucubration prophétique, c'est un voyage onirique à travers ma modeste connaissance de la bible et la vision personnelle que j'en ai. C'est un rêve que je partage, rien de plus, mais, s'il peut donner envie à une personne d'étudier la bible, alors, je serai heureux.

L'HOMME A LA BIBLE : Dans un avion, un vieil homme parle de la bible... C'est d'abord une présentation classique, puis, il lui révèle des faits troublants, une vision inattendue...

THEATRE

TROIS DUOS POUR LE THEATRE :

Trois pièces mettant en scène deux personnages pour évoquer des thèmes de société :

L'hommo meetic : Une rencontre virtuelle.

Gog, Magog et Démagog : Deux célibataires qui partagent la même maison et une mystérieuse femme...

Dialogue de sourdes : La cohabitation de deux femmes aux caractères radicalement différents...

162

CLODO : Deux musiciens ayant perdu leur emploi logent dans l'appartement d'un immeuble en chantier...

LE VIEUX : Un homme qui va vers ses soixante ans et ne supporte pas de vieillir...

LA REINE ASSASSINEE : Marie-Antoinette vit ses dernières heures au Temple, rêve à sa vie et repense à son mari...Une œuvre de fiction mais écrite à partir de documents et témoignages d'époque.

TROUBADOURS : Une évocation de Marcabru et Cercamon, deux troubadours au temps d'Aliénor, mêlant quelques uns de leurs poèmes.

ROMANS «SOCIAUX»

LE COQUELICOT : Le drame du handicap soudain qui vient tour bouleverser…

L'EPILEPTIQUE : L'épilepsie dans le milieu professionnel et dans le monde moderne comparé à la vision ancienne de la maladie... Un malade diagnostiqué décide de devenir le dieu des épileptiques...

LES MECHANTS : Un homme victime de harcèlement dans son milieu professionnel...

GYNECIA : Un monde entièrement dirigé par des femmes où l'homme n'a plus de place..

LA REPUBLIQUE MORTE : Venu assister à une réunion d'un groupe royaliste, Eric va se retrouver impliqué dans la guerre civile...

https://www.le-troubadour.com/

164

Henri LASSERRE

Après des études de musicologie, d'harmonie tonale et modale, contrepoint et écriture musicale ainsi que de musicologie médiévale dans la classe de Jean Maillard, il a été clarinettiste et clarinette-basse dans divers ensembles et orchestres avant de se tourner vers la recherche et l'interprétation sur instruments médiévaux et de la renaissance.

Il a inventé, avec le guitariste Jean Philippe Zambetti, le jazz médiéval qui consiste à improviser dans le style de l'époque autour d'une danse ou une chanson ancienne.

Concertiste, il se produit dans divers spectacles et programmes solos, souvent accompagnés de conférences sur des sujets divers, en particuliers sur les femmes de talent.

Acteur muet dans plusieurs court-métrages, il est aussi écrivain et l'auteur de nombreux romans sur des thèmes historiques sociologiques et théologiques.
L'histoire celte, cosaque, le moyen-âge comme la réalité sociale de l'homme confronté à la maladie lui ont inspiré des fictions très diverses.